航空服务类系列教材

U0794107

客舱安全
实训指导书

主　编◎杨　菲　杨文韬　任静静
副主编◎石　静　姚　军

西南交通大学出版社
·成　都·

图书在版编目（CIP）数据

客舱安全实训指导书 / 杨菲，杨文韬，任静静主编. —成都：西南交通大学出版社，2021.1（2024.2 重印）
ISBN 978-7-5643-7876-9

Ⅰ. ①安… Ⅱ. ①杨… ②杨… ③任… Ⅲ. ①民用航空－旅客运输－客舱－安全管理－高等职业教育－教材 Ⅳ. ①F560.82

中国版本图书馆 CIP 数据核字（2020）第 244506 号

Kecang Anquan Shixun Zhidaoshu
客舱安全实训指导书

主编 杨 菲 杨文韬 任静静

责任编辑	孟秀芝
封面设计	原谋书装
出版发行	西南交通大学出版社 （四川省成都市金牛区二环路北一段 111 号 西南交通大学创新大厦 21 楼）
邮政编码	610031
发行部电话	028-87600564 028-87600533
网址	http://www.xnjdcbs.com
印刷	四川玖艺呈现印刷有限公司
成品尺寸	185 mm × 260 mm
印张	8
字数	190 千
版次	2021 年 1 月第 1 版
印次	2024 年 2 月第 3 次
定价	29.00 元
书号	ISBN 978-7-5643-7876-9

课件咨询电话：028-81435775
图书如有印装质量问题 本社负责退换

前言

PREFACE

安全第一，服务至上是民航服务的宗旨和原则。安全是基础，安全是前提，没有客舱安全，就没有客舱服务。空中乘务专业人才培养目标指出，空中专业培养政治坚定、思想端正、德技并修、德智体美劳全面发展，具有一定的科学文化水平、良好的职业道德和工匠精神的中国特色社会主义事业合格建设者和可靠接班人，掌握空中乘务专业必备的专业知识和技能的空乘专业人才，在空乘专业人才培养过程中，为满足民航业对从业人员安全意识的需要，将行业标准和专业技能引入教学过程之中是十分必要的。

"学中做、做中学"和"理实一体化"的教学理念更适合现今的职业教育。本实训指导书在编写过程中将知识点融合到相关的实训任务中，不仅增加了学生的实操训练，同时结合目前国内空中乘务"1+X"证书等级考核相关要求，针对每个实训任务设计了对应的考核评分表，从而检验学生对相关知识和技能的掌握，为空中乘务人才考取中级、高级证书打下坚实基础。

本实训指导书主要包括8个实训项目，分别为乘务员安全职责与客舱安全检查、飞行中的颠簸处置、舱门操作训练、应急撤离训练、客舱失火处置、客舱释压处置、危险物品类型与处置、机上非法干扰处置。每个实训项目均配有多个实训任务、教学视频、在线测试题。通过本实训指导书的学习，学生能系统地掌握客舱安全专业知识和技能，提高自身应变及处理机上事件的能力，达到相互间默契配合、团结协作等目的。通过案例分析、情景模拟等形式引导学生树立正确的社会主义核心价值观，培养良好的职业道德和行为规范。为了增加在机上处置问题的真实感，建议合理利用实训模拟舱、撤离舱、舱门训练器等设施设备，模拟飞行中的真实案例进行危机情况的处理，全面调动学生的学习积极性和参与性，有利于学生客观、真实地认识空乘职业的工作性质，从而将所掌握的乘务专业技能熟练地运用到民航服务工作中去，且具备诚信、敬业、科学、严谨的工作态度和较强的安全、质量、效率及环保意识，具备良好的职业道德素质。

在编写过程中，本实训指导书参考了大量的行业标准和训练手册等相关资料，在此，谨向有关作者表示衷心的感谢。鉴于时间和水平所限，书中难免存在疏漏和不足之处，恳请各位读者和专家批评指正。

杨　菲

2020 年 10 月

目录
CONTENTS

实训项目一 乘务员安全职责与客舱安全检查

一、实训目标

通过本章节的学习，学生应掌握机长、乘务长、乘务员、安全员的安全职责，并且具备完成客舱安全检查的能力，树立民航"安全第一"的观念，遵守民航员工的职业精神，具备良好的职业道德素养。

二、实训内容

（一）机组人员的安全职责

1．机长的安全职责

在飞行期间，责任机长负责领导机组的一切活动，并对机上的旅客、机组成员、货物、飞机的安全以及航班正常、服务质量和完成任务负责。

责任机长在飞行中有最终决定权，他对于保证遵守公司的运行规范和《飞行运行手册》相应部分的各种规定负责。机组成员必须听从责任机长的命令，如责任机长的指令与规定程序不同，可向责任机长提出，如责任机长坚持其命令，其他人必须服从。

机长领导原则：机长为整架飞机的最高领导者，对整个航班安全、正点及服务品质的保证起着至关重要的领导作用。因此，机长不仅负责驾驶安全，还是整架飞机的领导者，需带领飞行机组和乘务组通力合作，确保旅客旅行的安全与舒适。

2．乘务长的安全职责

在执行航班任务的过程中，必须指定一名乘务长。乘务长应认真执行《中华人民共和国民用航空法》及《大型飞机公共航空运输承运人运行合格审定规则》（CCAR-121 部）等有关规定，具备良好的安保意识，全程监控服务工作和客舱安全，确保国家财产和旅客的安全。具体的安全责任如下：

（1）在飞机起飞前，负责本乘务组制定反劫机预案并落实各号位职责分工，主持航前准备会（见图 1-1）。

图 1-1　乘务长主持召开航前准备会

（2）在每次航班飞行中，乘务长隶属机长领导，协助责任机长保证旅客、客舱、货物在正常和应急情况下的安全。

（3）对机组人员在执行任务中所发生的安保问题或隐患进行制止，并向上级报告。

（4）乘务长有权处理机上服务及客舱安全方面的各种事宜。

（5）飞行中遇有应急情况乘务长及时报告机长，在机长的指示下，指挥乘务员充分利用机上应急设备保证旅客安全。应急情况下，负责广播。

（6）乘务长有责任监控组员在其精神状态正常的情况下履行其职责。

3．乘务员的安全职责

乘务员是机组必需成员，是保障飞行运行安全的人员之一。客舱乘务员的主要职责是保障客舱安全，飞行全程应严格落实各项安全标准，切实保障自身、全体乘员和飞机的安全。当安全职责和服务职责冲突时，首要完成安全职责。

（1）按照分工负责本区域服务工作和客舱安全。

（2）遇有应急情况及时报告乘务长。

（3）检查落实本岗位内应急设备处于良好状态。

（4）按照规定操作管理服务设备和应急设备。

乘务员的安全总则：乘务员应在机长的领导下，协助机长和空中保卫人员做好航空安全保卫工作。

4．安全员的安全职责

航空安全保卫工作由机长统一负责，安全员和乘务员在机长领导下，承担安全保卫的具体工作。

（1）对航空器、驾驶舱和客舱实施安保检查。

（2）根据安全保卫工作需要，查验机组成员以外的工作人员和旅客的登机凭证。

（3）制止未经授权的人员或物品进入驾驶舱或者客舱。

（4）对扰乱航空器秩序或者妨碍机组成员，且不听劝阻的，采取必要的管束措施或强制其离机。

（5）对严重危害飞行安全的行为，采取必要的措施。

（6）实施运输携带武器人员、押解犯罪嫌疑人、遣返人员等任务的飞行中安全保卫措施。

（二）乘务员的安全检查任务

1. 乘务员登机后的应急设备检查

客舱乘务员登机后，必须检查核实应急设备的位置、数量（见图 1.2），确认其处于待用状态。

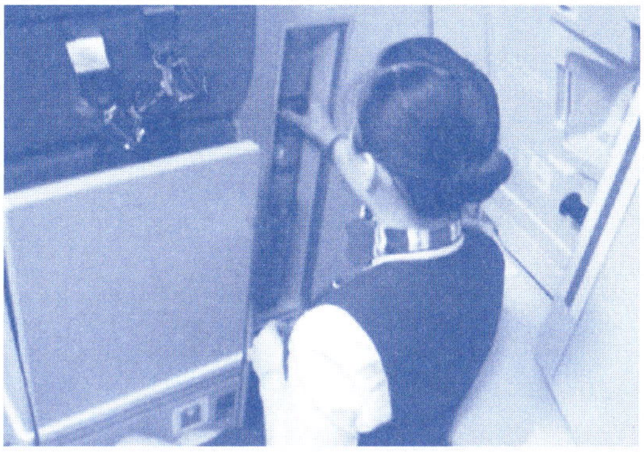

图 1-2　乘务员检查应急设备

乘务员需要检查的项目有：

（1）急救医疗设备：氧气瓶、急救箱、应急医疗箱、卫生防疫包。

（2）灭火设备：水灭火瓶、海伦灭火瓶、PBE（防烟面罩）、洗手间自动灭火装置、洗手间烟雾探测器等。

（3）手电筒、应急发报机、麦克风、安全演示包、安全须知、加长安全带、婴儿安全带等。

（4）机组救生衣、备用救生衣、抽查旅客救生衣。

（5）应急灯适航。

（6）内话系统正常。

（7）乘务员座椅（待用标准：座椅弹力好能复位、头垫粘贴好、安全带的松紧度合适和安全扣能使用）。

（8）检查机组、乘务组休息区内：通信设备（包括内话系统、AIP 系统、扬声器）、空调系统、通风设备等工作状态良好，确保腹舱休息区内无人。

（9）各区域客舱乘务员检查核实后，报告乘务长。

（10）乘务长检查《客舱故障记录本》（CLB）的内容，如有保留故障向责任机长汇报。

（11）乘务组每次重新登机后都应对应急设备进行检查。

（12）若航行前发现应急设备不符合以上要求或有损坏情况，乘务长需填写《客舱故障记录本》（CLB），并向机长汇报。

2. 旅客登机前的客舱检查

当所有的清洁、供餐和飞机维护人员离机后，或在旅客登机前，客舱乘务员协助航空安全员对自己所负责的客舱范围进行检查，并完成以下工作：

（1）客舱重点区域的检查。

① 在检查中发现任何可疑的物品（如非标准的设备或梳妆用具，非正常的导线、误放的手提行李、包裹、照相机等），不要触动，要立即报告责任机长。

② 检查应急出口内部是否有中英文标志。

③ 检查座椅靠背是否能够调节，安全带能够正常使用。

④ 检查禁止吸烟标志灯能够正常显示。

⑤ 检查餐车是否有制动装置。

⑥ 洗手间内无外来物品，上客前门已经封闭。

⑦ 客梯车停放稳妥，如无登机梯、食品车靠上时，必须挂上安全绳。

⑧ 检查与飞机对接的外部设备（如廊桥、客梯车等）安全。

⑨ 检查行李架已打开，内部无任何外来物品。

（2）厨房/服务间的检查。

乘务员要核对配餐单据上的餐车、备份箱的签封号和实际是否相符。如发现未签封或者签封遭受干扰（如签封被破坏、签封号和实际不符等情况），乘务员应先报告乘务长，并与空中保卫人员共同检查餐车、备份箱，防止夹带危及飞行安全的物品。

3. 旅客登机期间的安全监控

在旅客登机的过程中，乘务员需要注意以下几种情况：

（1）旅客登机情况，手提行李及行李摆放、载重限制。

（2）如果手提物品超出规定，应通知责任机长和地面值机人员进行处理。

（3）对已载满的行李架关好并锁定。

（4）应急出口座位控制。

应急出口座位（见图 1-3）控制细则：

（1）迎客期间，应急出口座位处的旅客到达其座位后，负责应急出口监控的乘务员须第一时间告知旅客此座位为应急出口座位，向旅客强调，正常情况下不要触碰应急出口手柄。

（2）评估该旅客是否适合在此座位就座。

（3）向旅客讲解此座位是应急出口旁的座位，请旅客全程协助监控应急出口区域。

（4）让该旅客仔细阅读应急出口《安全须知卡》。

（5）得到旅客的确认。原则上乘务员在未完成所有应急出口的旅客介绍及确认工作前，均不允许离开应急出口，如监控期间确需暂时离开，须请就座于此的旅客协助监控。

出口座位确认

图 1-3　应急出口座位

出口座位介绍参考语言：

“先生/女士，您好。由于您就座的是飞机的紧急出口的座位，由我来给您介绍紧急出口座位的注意事项，正常情况下请你不要触碰应急出口的红色手柄（动作指示到手柄位置），并请您帮我们监控其他旅客也不能触碰红色手柄，紧急情况下请您协助乘务员打开应急出口，并指挥旅客撤离，出口是这样打开的（动作模拟加语言表述），请问我说的您都明白了？您愿意坐在紧急出口吗？（不愿意则需要更换旅客座位）谢谢您，这是出口座位的安全须知卡，请您在起飞前仔细阅读。”

Sir/Madam,

Here is the emergency exit seat of this aircraft. Emergency exit area should be clear of baggage. Please don't touch the exit control handle in normal situation. Would you like to help us by opening this exit and help other passengers evacuate in case of emergency situation? Here is the emergency exit safety instruction card, please read it carefully. If you have any questions, please let us know.

Thank you!

4．起飞/落地前的安全检查

推出停机位之前原则上客舱乘务员应完成下列检查，乘务员有权要求旅客遵守为保障安全而提出的下列要求，同时，在未完成以下安全工作之前，飞机不可以起飞。

（1）安全广播完成，安全演示到位。

安全演示相关要求：

① 机上出口位置及最近逃生出口指引；
② 安全带的使用方法和要求；
③ 氧气面罩的存放位置及使用方法；
④ 救生衣的存放位置及使用方法；
⑤ 其他安全规则（如禁烟规定、电子设备的使用规定等）。

客舱安全演示

（2）确认每位旅客已入位就座，确认每位旅客系好安全带。

（3）禁止吸烟。

（4）椅背竖直，脚垫收起，座椅扶手平放。

（5）扣好小桌板。

（6）所有帘子拉开系紧。

（7）拉开遮光板。

起飞前安全检查

（8）确认衣帽间、储物柜等储藏空间已锁闭，行李架扣紧。

（9）确保应急出口、走廊过道及机门近旁无任何手提行李。

（10）出口座位旅客符合乘坐规定。

（11）儿童被用儿童安全带固定或由成人抱好。

（12）确认所有移动电话、便携式电脑等电子设备已关闭并存放好。

（13）旅客座椅处除散落的衣服类物品没有航空公司提供的食品、饮料、餐具或者手提行李等在着陆期间不允许携带的物品。每个旅客的食品和饮料盘及每个椅背餐桌都要被固定在其收藏位置。

（14）洗手间无人占用并上锁。

（15）无人座椅上的安全带和肩带已扣好。

（16）厨房内每项设备、停用的服务车都固定好。

（17）调暗客舱灯光。

（18）每个电视屏幕已被收藏好。

（19）确认烤箱、热水器等非必须使用的电器电源关闭。

（20）向驾驶舱发出“客舱许可”。

5．飞行过程中的安全监控

（1）在每次起飞后，提示旅客在飞行全程中就座时要全程系好安全带。

（2）低于 3 000 米（10 000 英尺）时遵守“飞行关键阶段”原则。（旅客不可走动，在座位就座并系好安全带）

（3）起飞后飞机到达巡航高度，颠簸结束后或未发生颠簸也没有预计颠簸的情况下，机组将安全带信号灯熄灭，提示飞机达到平飞状态，乘务员可开展客舱服务工作，允许旅客使用洗手间。

（4）保证并全程监控驾驶舱门区、机上各应急出口及客舱洗手间的安全。

（5）当“系好安全带”信号灯亮起后，及时广播提示旅客系好安全带，乘务员同时应注意自身安全。

（6）夜间长途飞行时广播通知旅客系好安全带并进行检查。

（7）劝阻躺在客舱地板上睡觉的旅客。

（8）不使用的餐车或储物格，必须确保归位、锁定。

（9）在飞行全程中保持门区和出口区域畅通。

（10）要及时报告所发现的客舱故障。

（11）开始客舱服务工作以前，乘务员需逐一检查以下内容是否符合安全规定，并向所在区域乘务长汇报，得到许可后方可进入客舱服务。

（11）热饮温度（符合降温标准）。

（12）餐车、折叠车刹车状况确认（刹车工作正常）。

（13）小旅客防泼洒的吸管是否配备（已摆上餐车）。

（14）服务间餐车及储物格是否全部锁闭（已归位并锁好）。

三、案例分析

【案例 1】 旅客擅自打开应急出口

4 月 21 日，在某航空公司济南飞往舟山航班，飞机正常落地下客期间，15F 座旅客宋某某（男，64 岁，山东沂源县人）出于方便和好奇擅自打开右后翼上应急出口（见图 1-4），随后被当班空警控制并报警，机场公安登机了解大致情况后将该乘客带离。根据《中华人民共和国治安管理处罚法》，普陀山公安局机场分局依法对宋某某做出行政拘留 10 日的处罚。

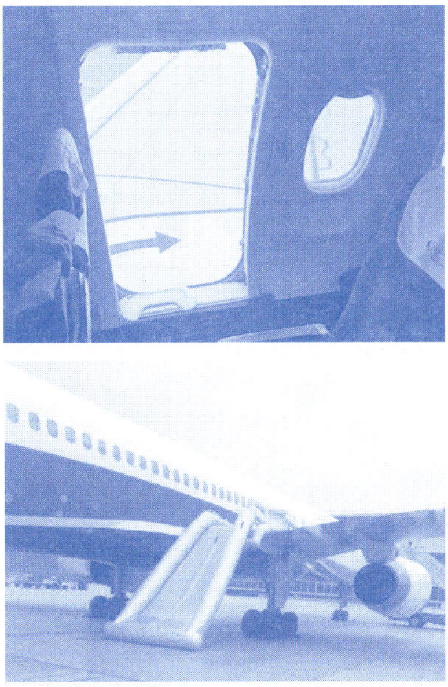

图 1-4 旅客擅自打开应急出口

【案例 2】　旅客座椅口袋放置模拟管制刀具

某航空公司的飞机在德国柏林泰格尔机场停场期间，当地航空安全监察部门在机组登机前往飞机经济舱最后一排旅客座椅口袋中发现了模拟管制刀具。机组登机后，当班的安全员、乘务员在航前客舱安全检查时都没有发现刀具，导致该航空公司被德国航空当局罚款数十万元。

【案例 3】　“9・11”事件

2001 年 9 月 11 日，四架飞机遭到 19 名恐怖分子劫持，由于劫机者闯入驾驶舱夺取了飞机的控制权，其中两架飞机分别撞向位于纽约曼哈顿的摩天大楼世界贸易中心（也被称作“双子塔”），造成双子塔在两小时内倒塌，第三架飞机则撞向五角大楼——美国国防部所在地，导致大量美国军官当场死亡，最后一架飞机在乘客反抗后坠毁于宾夕法尼亚州，四架飞机上均无人员生还。

该事件造成遇难者总数高达 2 996 人，对美国达成的经济损失达 2 000 亿美元。

四、实训任务

客舱安全检查情景演练与考核

1. 简述乘务员的安全职责。

2. 就客舱安全检查考核，以小组为单位，小组成员分别完成以下考核：

（1）乘务员登机后的客舱应急设备检查（口述检查标准）；

（2）旅客登机前的客舱安全检查；

（3）旅客登机期间的安全监控；

（4）起飞前的安全检查。

五、在线测试题

乘务员安全职责与客舱安全检查

六、考核评价表

表 1-1　乘务员登机后的客舱应急设备检查

班级：	小组编号：	姓名：	
检查项目	**检查标准**	**分值**	**完成情况**
氧气瓶	A. 在指定的位置 B. 氧气面罩密封，系在氧气瓶上 C. 压力指针在红色区域 D. 保险丝完好，供氧开关平时在关闭位	10	
急救箱、应急医疗箱、卫生防疫包	A. 在指定的位置，包装完好 B. 日期在有效期内	5	
水灭火瓶	A. 灭火器在指定的位置 B. 铅封丝应完好，无损坏 C. 灭火瓶使用日期应在有效期内	5	
海伦灭火瓶	A. 在指定的位置 B. 压力指针在绿色区域 C. 安全销或保险完好	10	
PBE	确认 PBE 固定在指定的位置，确认包装盒未被打开，捆扎带完整，在有效期内	10	
洗手间灭火装置	波音系列飞机检查温度指示器为灰色圆点； 空客系列飞机检查海伦灭火瓶压力指针在绿色区域	10	
洗手间烟雾探测器	绿色电源指示灯亮	5	
手电筒	在指定位置，电源指示灯大约每 3 秒闪烁一次	5	
应急定位发射器	在指定位置	5	
麦克风	在指定位置，按下开关有电流声	5	
安全演示包、安全须知、加长安全带、婴儿安全带	在指定位置，根据机型不同配备数量不同	5	
机组救生衣、备用救生衣、抽查旅客救生衣	在指定位置，无破损	5	
应急灯	连续 3 个不亮，不连续 5 个不亮为不适航	5	
内话系统	内话及广播均可正常使用	5	
乘务员座椅	座椅弹力好能复位、头垫粘贴好、安全带的松紧度和安全扣能使用	5	
汇报	检查完后汇报乘务长，有问题的及时通知机务，填写清单	5	
总分：		评分老师： 日期：	

注：根据检查单项目检查应急设备，漏检、检查方式错误均不得分。

表 1-2　旅客登机前的客舱检查

班级：	小组编号：	姓名：

检查项目	分值	完成情况
客舱、厨房、洗手间有无外来物品	40	
应急出口内部是否有中英文标志	10	
座椅靠背是否能够调节，安全带能够正常使用	10	
禁止吸烟标志灯能够正常显示	10	
餐车是否有制动装置	10	
洗手间内无外来物品，上客前门已经封闭	10	
检查与飞机对接的外部设备（如廊桥、客梯车等）安全	5	
配餐单据与铅封的核对	5	
总分：	评分老师： 日期：	

注：客舱中任意位置存有不属于机上物品未检查出，均判定检查项目一不合格，本次检查不合格。

表 1-3　旅客登机期间的安全监控

班级：	小组编号：	姓名：

检查项目	分值	完成情况
行李摆放在合适位置	20	
超规行李的处置	10	
对已载满的行李架的及时关闭	10	
应急出口的监控及介绍	50	
旅客供氧系统的确认	10	
总分：	评分老师： 日期：	

表 1-4　起飞前的安全检查

班级：	小组编号：	姓名：

检查项目	分值	完成情况
安全演示完成	25	
旅客已就座，并系好安全带	5	
椅背竖直，脚垫收起，座椅扶手平放	5	
扣好小桌板	5	
所有帘子拉开系紧	5	
拉开遮光板	5	
确认衣帽间、储物柜等储藏空间已锁闭，行李架扣紧	5	
出口，过道及机门旁无任何手提行李	5	
儿童被用儿童安全带固定或由成人抱好	5	
电子设备电源关闭/飞行模式	5	
洗手间无人占用并上锁	5	
无人座椅上的安全带和肩带已扣好	5	
厨房内每项设备固定好	5	
烤箱、热水器等非必须使用的电器电源关闭	5	
检查完毕后调暗客舱灯光	5	
向驾驶舱发出“客舱许可”	5	
总分：	评分老师： 日期：	

注：客舱起飞前安全检查项目，漏检 3 个及以上，即判定为不合格。

实训项目二　飞行中的颠簸处置

一、实训目标

通过本章节的学习，学生应了解飞机颠簸的原因和分级，区分不同等级的颠簸表现，掌握不同等级颠簸时的应对方法以及发生严重颠簸后的处置流程，具备在颠簸时保护自身安全以及周围乘客安全的能力。

二、实训内容

（一）飞机颠簸的定义

飞机颠簸指飞机飞行中突然出现的忽上忽下、左右摇晃及机身震颤等现象。飞机颠簸主要是由于飞机飞入扰动气流区，扰动气流使作用在飞机上的空气动力和力矩失去平衡，飞行高度、飞行速度和飞机姿态等突然变化而引起的。

（二）飞机颠簸的原因

飞机在飞行中出现颠簸并非与人为操作有关，不能以为飞机颠簸就是因为飞行员操作不好，事实上，飞机颠簸的原因主要还是天气的影响，具体有以下几个方面。

1. 风切变

雷雨、冷锋、热雷暴等使空气产生上下对流运动，飞机经过时会产生强烈颠簸，严重时可导致飞行事故。

什么是风切变？

风切变通常是指在很短的距离内风的速度和方向（或者两者同时）发生陡然变化，包括水平风切变和垂直风切变。当飞行时遇到雷暴、积雨云等强对流天气时，更容易产生较强的风切变现象。对飞行影响最大的一种风切变现象被称为“微下击暴流”，它主要是以高空垂直风切变为主要特征的综合风切变区。

2．地形地貌

除风切变之外，飞机颠簸与山地地形大小，复杂程度，迎风、背风位置，水面大小和机场离水面的距离，建筑物的大小和外形也有关。比如香港赤腊角机场，由于跑道系填海而成，三面环海，机场南端有高大的山峰，周边都是山地，并且机场位于我国南部沿海，经常容易受台风、雷雨天气的影响，所以机场也会常年受到风切变的袭扰。

3．季　节

由于夏季雷雨较多，秋天的风较大，这两个季节飞机颠簸会多一些。

4．热力乱流

由于太阳光的照射，地面的空气受热膨胀上升，冷空气下降补充，形成空气对流而引起的颠簸，中午飞行时尤为明显。

5．高空急流、湍流

湍流是受地球自转和季风的影响，在由冷转热或由热转冷的季节，冷、热空气相遇并相互摩擦而形成的。湍流是肉眼看不到的，雷达也探测不到，只有飞机进入湍流中才知道。它的流动方向、速度都变化很快，飞机经过时会产生强烈颠簸，可能造成人员受伤，严重时可导致飞行事故。易产生高空湍流颠簸的地带主要集中在黄河中上游一带，通辽一带，渤海湾偏北一带，山东半岛、北京燕山一带。高空急流、湍流一般在春、秋两季发生居多。

（三）颠簸对飞行的影响

1．颠簸对飞机结构的影响

飞行中出现颠簸，飞机各部分和构件，都要经受忽大忽小的载荷变化，颠簸越强，载荷变化就越大。如果飞机长时间受到强烈载荷变化的作用，或受到超过飞机所能承受的最大载荷，飞机的某些部位，如机翼或尾翼，就可能变形甚至因疲劳而损坏。

2．颠簸对操纵飞机的影响

飞机出现颠簸时，飞行高度、飞行速度以及飞行姿态（包括俯仰角速度、偏转角速度和滚转角速度）都会不断地发生不规则变化，颠簸强烈时，飞行高度变化可达数十米至数百米，飞行速度和飞行姿态的变动也很剧烈，这样就给操纵飞机带来很大的困难，飞行员要费很大的精力来尽量保持飞机处于正常状态，如果不立即脱离强颠簸区很容易失去对飞机的操纵，甚至酿成事故。

3. 颠簸对仪表指示的影响

飞机颠簸时，仪表受不规则震动，其指示常发生一些误差，特别是在强颠簸的条件下，升降速度率表、空速表、高度表和罗盘等飞行仪表就会产生明显的误差，有时甚至不能读数，以致丧失修正飞行状态的依据。

4. 颠簸对飞行性能的影响

在稳定气流中飞行，飞机的平分最小速度受临界迎角的限制。在扰动气流中飞行，飞机若突然遇到上升气流，相对气流方向改变，迎角突然增大，平飞允许使用的最大迎角就减小，平飞最小允许速度则增大。同时，相对气流速度增大，升力变化量也增大，载荷因数变化量也增大。因此，颠簸飞行中的最大允许速度也会减小。

颠簸容易使机身震颤，造成进入发动机进气道的空气减少，甚至自动停机，可能引起更严重的后果。

5. 颠簸对人的影响

如果飞机在飞行中出现颠簸，轻则可能会使人感觉不适，站立不稳，或者有晕机呕吐的症状，一旦出现严重的无预兆颠簸时，飞机会在气流的干扰下，出现急速上升或下降，这时客舱失重，没系安全带的人和未被固定的物体就会飞到空中，造成身体软组织挫伤甚至骨折。如图 2-1 ~ 图 2-2 所示。

图 2-1　颠簸后的客舱

图 2-2　颠簸后受伤的乘务员

（四）飞机颠簸的分级

颠簸的等级划分

发生颠簸后，客舱乘务员应及时广播，提示在客舱中站着的旅客回到座位坐好并系好安全带，洗手间暂停使用。根据颠簸的严重程度，我们把颠簸分为以下三个等级：轻度颠簸、中度颠簸和重度颠簸（见图 2-3）。

图 2-3　飞行中的颠簸分级

1．轻度颠簸

轻度颠簸主要表现为在座位上的人员可能感觉到安全带或者肩带轻微受力，未固定的物体可能被稍微移动，行走几乎没有困难，不影响客舱服务。通常机长会通过打开安全带指示灯同时伴随一声安全提示音通知客舱。

女士们，先生们：

我们的飞机受气流影响/在起飞（下降）过程中穿越云层 / 受大风影响遇有轻度颠簸，请您不要担心，在座位上坐好并系好安全带，使用洗手间的旅客请您扶好固定手柄，带有小孩的旅客请照看好您的孩子。谢谢!

Ladies and Gentlemen:

Our aircraft is experiencing some slight turbulence. There is nothing to worry. Be seated and fasten you seat belt. Passengers with children please look after you children. Please be careful if you are taking meals now. Thank you!

2．中度颠簸

中度颠簸主要表现为在座位上的人员能感觉到安全带或肩带的受力，八成满的饮料从杯中溅出来，客舱服务受到影响，客舱内走动困难，未固定的物体被移动。通常机长会通过打开安全带指示灯同时伴随两声安全提示音通知客舱。

女士们，先生们：

我们的飞机受气流影响/在起飞（下降）过程中穿越云层/受大风影响遇有中度颠簸，请您不必担心，在座位上坐好并系好安全带，不要在客舱中站立或走动，洗手间停止使用，我们将暂停服务工作，带有小孩的旅客请照看好您的孩子。待飞机平稳后我们将继续为您提供服务。给您带来的不便敬请谅解。谢谢!

Ladies and Gentlemen:

Our aircraft is experiencing some moderate turbulence. Don't worry. Please do not walk around in the cabin, be seated and fasten you seatbelt. Passengers with children please look after you children. Lavatory use is prohibited at this moment. We regret that we are unable to serve you at this time. We are sorry for these troubles. Thank you!

3．重度颠簸

重度颠簸主要表现为在座位上的人员感到安全带或肩带猛烈受力，未固定的物体前后左右摆动，抛起，无法进行客舱服务。通常机长会通过打开安全带指示灯同时伴随三声安全提示音通知客舱。

女士们，先生们：

我们的飞机受气流影响/在起飞（下降）过程中穿越云层/受大风影响遇有重度颠簸，请您不要害怕，在座位上坐好并确认您的安全带已经扣好系紧。带有小孩的旅客请照看好您的孩子。我们将停止一切服务工作，在客舱或洗手间的旅客请就近坐下系好安全带或固定好自己。谢谢！

Ladies and Gentlemen:

Our aircraft is experiencing some heavy turbulence. Don't be alarmed. Please be seated and make sure your seatbelt is securely fastened. Passengers with children please take care of them. Those not seated please be seated as soon as possible.We regret that we are unable to serve you at this time. Thank you.

（五）颠簸后的处置

不同等级颠簸应对

1．不同等级颠簸的应对

发生颠簸后，客舱乘务员应广播告知旅客坐好并系好安全带，应特别关注老人和儿童的安全，提示家长为儿童系好安全带。同时，乘务员应对自身进行安全保护：

（1）轻度颠簸时，乘务员可以继续提供客舱服务，但不提供热饮，避免烫伤旅客。

（2）中度颠簸时，乘务员应立即终止服务，将餐车、饮料车推回厨房。

（3）重度颠簸时，乘务员应将餐车饮料车立即原地刹车，热饮壶放置在饮料车内，并就近坐好系好安全带，或原地抓紧附近固定物体将自己固定。

2．严重颠簸后的处置流程

如果在飞行中突然发生严重颠簸，乘务员自我保护是第一位的，特别是在突发的重度颠簸中，中断所有职责，不要试图收回餐车和服务用品或者清理厨房服务台，应立即踩下刹车固定好，利用周围的客舱设备如乘客座椅、扶手等迅速固定自己，并且大声呼叫周围的旅客系好安全带。当乘务员固定好自己之后，还能伸手够着搭建服务设备，就迅速固定他们（如餐车、推车上的锁扣）。

在客舱中，可以利用行李架边缘的扶手槽、乘客座椅扶手、脚踏等一切设备迅速固定自己，如图 2-4 所示。

图 2-4　客舱内处置

在厨房里，可以迅速抓住储物柜或厨房壁板上的扶手，如图 2-5 所示。

图 2-5　厨房内处置

在卫生间里，迅速抓住壁板上的固定扶手，如图 2-6 所示。

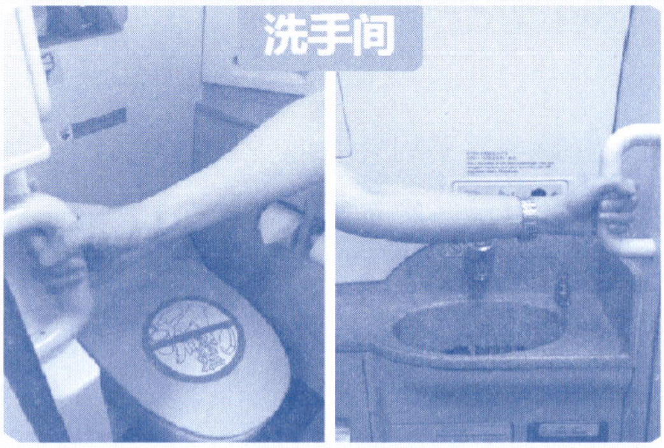

图 2-6　卫生间内处置

等待颠簸过去后，按照以下流程进行处置：

（1）确认自身有无受伤；

（2）确认周围旅客有无受伤；

（3）报告机长客舱情况与人员受伤情况；

（4）救治受伤旅客。

在救治受伤旅客时，应该按照机上外伤急救的原则来进行：确保机内环境安全、挽救生命、抑制情况恶化、提供护理。在对受伤乘客的判断和救治过程中应注意：先抢后救，先重后轻，先急后缓；先止血后包扎，先固定后搬运；先救命后治伤。

（六）客舱颠簸处置的原则

在与机组成员一起开协同准备会时，乘务长应及时向机长了解所飞航线特点及天气状况，在安全与服务发生冲突时，始终牢记“安全第一”的基本原则。

表 2-1　客舱颠簸处置 SOP

要　求	轻度颠簸	中度颠簸	重度颠簸
安全带	认真检查旅客安全带、摇篮里的婴儿应被抱起	回撤餐车时提醒周围旅客系好安全带，抱起摇篮里的婴儿 回乘务员座位坐好系好安全带、肩带	马上就近座位坐好或就地坐下，抓住可以固定自己的设备、座椅扶手或行李挡杆等 对旅客呼叫可以稍后再处理
广　播	客舱广播 视情况增加广播内容	机组广播（如有可能） 客舱广播 视情况增加广播内容和次数	机组广播（如有可能） 客舱广播 增加广播内容和次数
客舱服务	继续小心服务，但是不提供热饮服务	暂停一切服务，将餐车拉回厨房，锁扣锁好餐车	立即停止服务，在原地马上踩好刹车，将热饮放置在车内

三、案例分析

【案例 1】　太平洋上空的严重颠簸

1993 年 4 月 6 日，北京时间 6 点 30 分，当地时间凌晨 2 点 30 分，一家 MD-11 型远程宽体客机，在上海到洛杉矶的飞行途中，在太平洋的阿留申群岛万米高空突然失去控制，30 秒钟之内飞机急剧颠簸了 3 次，飞机以每 10 秒钟跌落 1 700 英尺的惊人速度下坠，造成 1 名乘务员和 1 名乘客死亡，30 多人头皮破裂、头骨骨折，另有 100 人轻伤，飞机最后在美国希米亚空军机场着陆。

据飞机上的乘客回忆：“过了东京湾以后，飞机上就广播，要求我们每个人填一个报关表。那时大家安全带解掉了，因为要填报表，互相问来问去，互相跑来跑去的。填了一半以后，突然间气流来了，这个气流就是空中的气象涡流。巨大的颠簸非常残酷，把底下的人抛起来，摔下来，然后再抛。我们最严重的一个人，从凳子上抛起来，甩过三排凳子，再摔下来。”

飞机急剧下坠，空姐也站立不住，失重上抛。

区域乘务长说：“几起几落，基本上是在 1 700 英尺这样的一个落差，所以速度极快，瞬间达到这样的一个高度，人就像树叶一样，被抛起。然后，紧接着又像被一个重物踩压一下，把乘客又压下来。”

“我第一个感觉，就是要迅速地通知旅客系好自己的安全带，有点不顾一切，放声地大叫。过后我听机组同事说，你当时那种叫声，可以说是非常惊人的，几乎是声嘶力竭。我说我已经感觉不到了，我一个本能就是告诉自己，在机上来说，我有我的责任，要保护我们的乘客，让他们能够安全地到达自己的目的地。”

另一名乘客说：“因为我是摔昏了嘛，再醒过来的时候，整个机舱就是一片狼藉，飞机的天花板都露出了里面的空调管、电线。看看周边的整个机舱的旅客，脸上有血的，身上有血的，地上那个东西摔得一塌糊涂。哎呀，是飞机出事了。”

危难之中见真情，飞机上恰好有一名女医生挺身而出，在艰难的条件下，和乘务长一起对重伤员进行人工呼吸等抢救。

飞机上的乘客说：“这个医生在这一点上做得真好。她至少可以把一个伤员的体位，按照不再伤害下去的方式，先躺下，或者先坐下，先包扎。她包扎用的都是飞机上的一些毛巾。”

【案例 2】　航程中的频繁颠簸

2010 年 7 月 28 日，某航班的整个航程颠簸较为频繁，乘务组按照规定程序进行广播提醒旅客系好安全带，暂时不要使用卫生间。由于是轻度颠簸，客舱一切情况正常。落地前 25 分钟，即 14:53 左右，机长再次打铃通知颠簸，乘务长也再次进行颠簸广播。广播之后，客舱内一切正常，乘务组进行正常的服务流程操作。

14:55，飞机突然开始严重颠簸，持续了 4 ~ 5 秒，颠簸后乘务员开始巡视客舱。在安抚旅客过程中，乘务长发现 8 排 B 旅客手腕处红肿，及时安抚旅客并为其提供湿毛巾消肿；4 号位乘务员发现两名旅客从后舱洗手间出来，并被告知其中一位头部受伤，另一位脚背受伤，乘务员协助两位旅客回到座位并对其进行安抚；同时客舱内也有三四名旅客反映颠簸过程中受到碰撞。

该航班一路上都有颠簸，在 14:55 发生突然颠簸的时候，当时乘务长在前舱，2、3 号位乘务员在客舱 8 ~ 9 排进行客舱销售服务，4 号位乘务员在后舱清点机供品。颠簸过程中，餐车是飘在空中的，餐车门自动打开。被问到是否与机组提前沟通时，乘务长表示没有。由于整个乘务组是第一次经历机上严重颠簸，缺乏相应的经验，但还是在颠簸结束后按照要求完成了相应的处置程序。

【案例 3】　雷雨天气中的备降

2008 年 7 月 4 日，某航班因北京雷雨天气迫降天津滨海国际机场，在备降过程中，下降至 3 300 米左右时，突然遭遇强颠簸，造成 8 名乘务员和 14 名乘客受伤。

乘客马先生回忆说，当日下午 3 时 30 分飞机从上海出发，预计 17 时 45 分到北京。“下午 5 点 20 分左右，飞机突然晃起来。”他说，当时机舱内乘客刚吃过晚饭，空乘人员正在逐个座位收拾垃圾，几名工作人员顿时跌倒舱内，很多乘客因头部撞在行李舱底部受伤。马先生说：“当时感觉失重了，好像顿时下降了好几千米，飞机剧烈俯冲，将近 10 秒。”平静后，飞机迫降在天津滨海国际机场。迫降后，机场方立即联系当地急救车辆，同时调运工作车辆，为乘客开辟绿色通道，一小时后机舱门打开，受伤乘客和机组人员被立即送到天津武警医院。

因颠簸时的撞击，一名乘务员腰椎严重受伤，另外还有空乘人员鼻骨和颈椎受伤，总共有 8 名乘务员和 14 名乘客受伤。

四、实训任务

客舱颠簸处置情景演练与考核

1. 飞机上的颠簸分为哪三种等级？分别是如何表现的？
2. 轻度颠簸应该如何应对？
3. 中度颠簸应该如何应对？
4. 重度颠簸应该如何应对？
5. 就客舱颠簸处置考核，以小组为单位，以抽签的形式，分别完成以下 3 个场景的考核：

（1）在巡航阶段，乘务员通过饮料车正在服务冷热饮的时候，突然机长打开安全带指示灯同时伴随一声安全提示音。

（2）在巡航阶段，乘务员通过餐车正在服务餐食的时候，突然机长打开安全带指示灯同时伴随两声安全提示音。

（3）在巡航阶段，乘务员正在用空餐车进行客舱回收时，突然机长打开安全带指示灯同时伴随两声安全提示音。

五、在线测试题

飞行中的颠簸处置

六、考核评价表

表 2-2　飞行中的轻度颠簸处置评分标准

班级：	小组编号：	姓名：
项　目	**内　容**	**得分**
颠簸广播（20 分）	1. 乘务组快速准确地播报颠簸中文广播（10 分）	
	2. 乘务组快速准确地播报颠簸英文广播（10 分）	
轻度颠簸应对（60 分）	1. 客舱乘务员通过口头提醒及目视检查所有乘客系好安全带（10 分）	
	2. 确认卫生间没有乘客使用，如果有人，提醒乘客抓好扶手，并且尽快回到座位上坐好并系好安全带（10 分）	
	3. 将热饮壶放入饮料车内，并停止提供热饮服务，告知旅客原因，提醒正在饮用热饮的旅客注意安全小心溅烫（10 分）	
	4. 提醒旅客将婴儿摇篮里的婴儿抱起，防止在颠簸过程中受伤（10 分）	
	5. 厨房乘务员固定所有设备，并将厨房里的所有锁扣锁闭（10 分）	
	6. 颠簸结束后巡视客舱报告有无乘客受伤情况（10 分）	
乘客管理技能（20 分）	1. 能够有效地应对并阻止颠簸时想要离开座位使用洗手间的旅客（10 分）	
	2. 能够安抚颠簸时因为担心感到害怕的单独乘机的儿童旅客（10 分）	
总　分		评分老师： 日期：

表 2-3　飞行中的中度颠簸处置评分标准

班级：	小组编号：	姓名：

项　目	内　容	得分
颠簸广播（20 分）	1. 乘务组快速准确地播报颠簸中文广播（10 分）	
	2. 乘务组快速准确地播报颠簸英文广播（10 分）	
中度颠簸应对（60 分）	1. 客舱乘务员通过口头提醒及目视检查所有乘客系好安全带（10 分）	
	2. 确认卫生间没有乘客使用，如果有人，提醒乘客抓好扶手，并且尽快回到座位上坐好并系好安全带（10 分）	
	3. 将餐车立即推回厨房锁好，并停止一切客舱服务，告知旅客原因，提醒正在用餐的旅客注意安全、小心烫伤（10 分）	
	4. 提醒旅客将婴儿摇篮里的婴儿抱起，防止在颠簸过程中受伤（5 分）	
	5. 厨房乘务员固定所有设备，并将厨房里的所有锁扣锁闭（10 分）	
	6. 检查完毕后快速回乘务员座位坐好并系好安全带（10 分）	
	7. 颠簸结束后巡视客舱报告有无乘客受伤情况（5 分）	
乘客管理技能（20 分）	1. 能够有效地安抚和应对由于颠簸引起身体不适的晕机呕吐的旅客（10 分）	
	2. 能够处理颠簸过程中轻微擦伤的旅客（10 分）	
总　分		评分老师： 日期：

表 2-4 飞行中的严重颠簸处置评分标准

班级：	小组编号：	姓名：
项　目	内　容	得分
颠簸广播（20 分）	1. 乘务组快速准确地播报颠簸中文广播（10 分）	
	2. 乘务组快速准确地播报颠簸英文广播（10 分）	
严重颠簸应对 60 分）	1. 客舱乘务员立刻利用周围可以利用的设备固定自己或立刻坐在空闲的乘客座位上并系好安全带（10 分）	
	2. 客舱乘务员通过口头大声提醒所有乘客系好安全带（10 分）	
	3. 厨房乘务员立刻利用周围可以利用的设备固定自己或立刻坐在乘务员座椅上并系好安全带，大声呼喊周围旅客系好安全带（10 分）	
	4. 颠簸结束后立刻将餐车推回厨房锁闭，厨房乘务员迅速固定好所有厨房设备（10 分）	
	5. 巡视客舱检查客舱情况及人员受伤情况并报告机长（10 分）	
	6. 安抚受到惊吓的旅客并根据受伤情况进行救治（10 分）	
乘客管理技能（20 分）	1. 能够对颠簸中手臂骨折的旅客进行包扎固定（10 分）	
	2. 能够对颠簸中头部受伤的旅客进行止血包扎（10 分）	
总　分		评分老师： 日期：

实训项目三 舱门操作训练

一、实训目标

通过本章节的学习，学生应掌握 B737 机型、A320 机型舱门的位置和结构，能够正确地操作和解除滑梯预位，能够按照标准流程打开和关闭 B737 和 A320 机型舱门，能够在应急撤离时迅速地在 15 秒以内开启舱门。

二、实训内容

A320 型和 B737-800 型飞机均有 8 个应急出口。客舱两侧的 8 个应急出口，包括 4 个舱门出口和 4 个翼上出口。如图 3-1～图 3-2 所示。

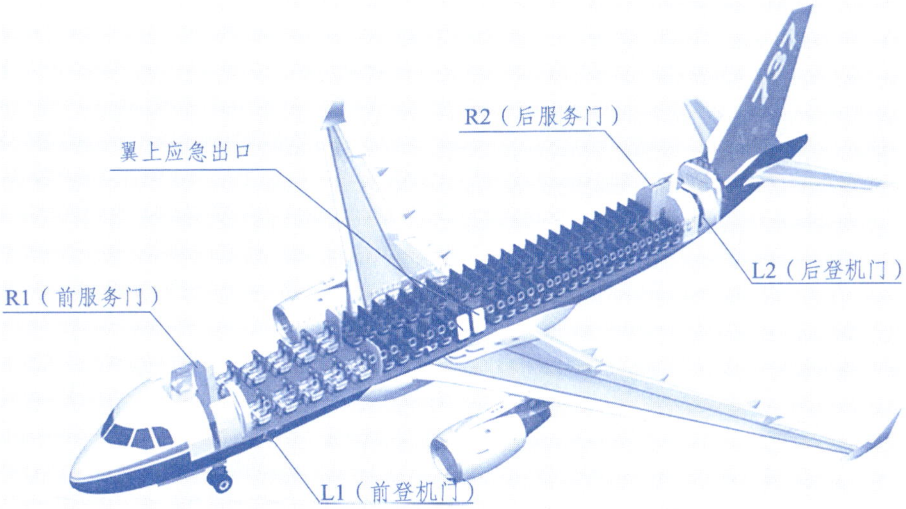

图 3-1　B737-800 型飞机舱门分布

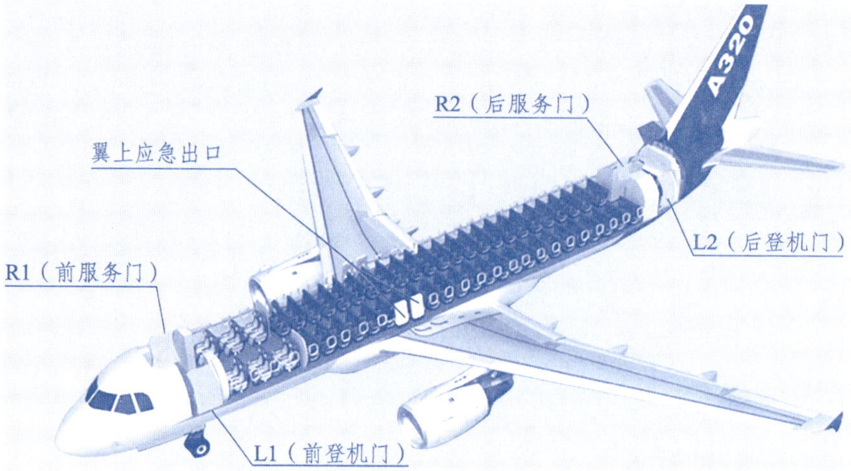

图 3-2　A320 型飞机舱门分布

在紧急情况下，所有的门都可以做紧急出口使用，飞机上的 1 号门和 2 号门滑梯也可作为救生船用于水上撤离。其中，A320 型机身两侧的翼上出口，装备撤离滑梯，但是无救生船功能。B737-800 型机身两侧的翼上出口，未装备撤离滑梯，撤离时需通过机翼滑下。

B737 舱门结构与操作

（一）B737 型飞机舱门结构与操作

1．B737 型舱门与应急出口结构

B737 型飞机舱门由舱门操作手柄、舱门辅助手柄、观察窗、红色警示带、滑梯包、滑梯杆、滑梯杆挂钩、地板支架、阵风锁、黄色安全警示带组成，如图 3-3 所示。

B737 型飞机翼上应急出口由开门把手、把手盖板、观察窗、逃生绳、开门操作图示说明组成，如图 3-4 所示。

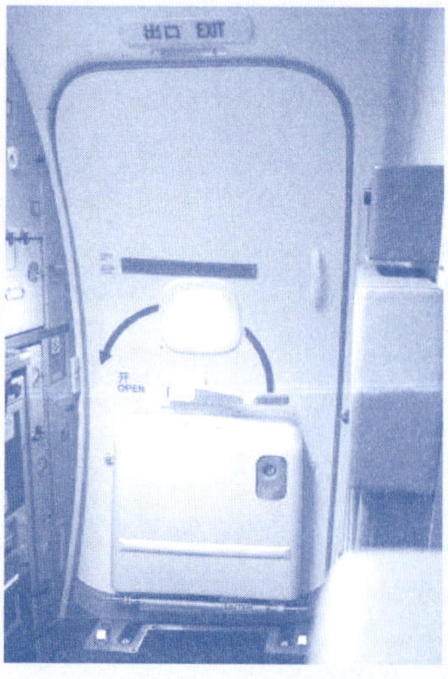

图 3-3　B737 型舱门结构

图 3-4　B737 型翼上应急出口结构

2．B737 型舱门标准操作流程

（1）内部开启和关闭舱门。

B737 型开启舱门操作流程：

① 开门前再次确认滑梯已解除预位，并且窗外一切正常。

② 左手抓住门框辅助手柄固定自己，右手逆时针旋转舱门操作手柄 180 度。

③ 右手抓住辅助手柄将舱门向外推。

④ 将舱门推至全开位，并确保舱门阵风锁已将舱门锁定。

⑤ 如门外没有连接廊桥或登机梯，则需立即挂好黄色安全警示带。

B737 型关闭舱门操作流程：

① 如挂有黄色安全警示带则先收回。

② 抓住门框上的辅助手柄固定自己，再压下舱门阵风锁，解除舱门锁定。

③ 握住舱门上的辅助手柄，将门向内拉动。

④ 舱门到达最内侧时，抓住操作手柄顺时针旋转 190 度，直到舱门关闭锁定。

⑤ 用手触摸门缝处，检查舱门的锁定及密封情况。

（2）滑梯预位与解除。

每次执行航班任务时，在飞机起飞前都需要将飞机上的所有出口的滑梯进行预位，以确保一旦飞机发生应急情况需要撤离，滑梯包能够快速打开，帮助乘客在短时间内完成安全撤离。在飞机安全达到之后，乘务员也需要听从乘务长指令，解除滑梯预位，以防止乘务员误放滑梯造成不必要的损失。

B737 型滑梯预位流程：

① 听到乘务长指令后先将红色警示带预位（斜跨过观察窗固定）。

② 将滑梯杆从舱门上的挂梯挂钩上取下，固定在地板支架上。

③ 和对面舱门滑梯操作乘务员进行交叉检查。

④ 报告乘务长对应门区滑梯预位完毕。

B737 型滑梯解除预位流程：

① 听到乘务长指令后先将滑梯杆从地板支架上取下，再将其固定到舱门上的滑梯挂钩上。

② 解除红色警示带（将红色警示带恢复到“一”字形固定）。

③ 和对面舱门滑梯操作乘务员进行交叉检查。

④ 报告乘务长对应门区滑梯解除预位完毕。

（二）A320 型飞机舱门结构与操作

A320 舱门结构与操作

1．A320 型舱门与应急出口结构

A320 型飞机的舱门由滑梯包、安全销、舱门手柄、舱门（观察）窗、辅助手柄、舱门状态指示牌、舱门支撑臂、阵风锁、安全销存放插孔、分离器组件等部分构成，如图 3-5 所示。

A320 型翼上应急出口由把手盖板、开门操作说明、滑梯预位指示灯、观察窗、辅助手柄等组成，如图 3-6 所示。每侧翼上出口均装有应急滑梯，且始终处于预位状态。

图 3-5　A320 型舱门结构

图 3-6　A320 型翼上应急出口结构

2．A320 型舱门标准操作流程

（1）内部开启与关闭舱门。

A320 型开启舱门操作流程：

① 确认分离器手柄在解除位（DISARMED），并且窗外一切正常。

② 确认客舱未释压警告灯未亮。

③ 向上开启舱门操作手柄时（大约 30°），确认分离器预位警告灯未亮。

④ 将舱门操作手柄向上开启。

⑤ 将舱门向外推到全开位，直至被阵风锁锁住。

A320 型关闭舱门操作流程：

① 抓住门框上的辅助手柄固定自己，按住阵风锁按钮，解除舱门锁定。

② 一手抓住辅助手柄，一手向后拉门。

③ 当舱门对正门框时向内拉门并压下舱门操作手柄直至关闭。

④ 确认舱门指示牌位于锁定状态（LOCKED）。

⑤ 确认舱门完全关闭，没有任何夹杂物。

（2）滑梯预位与解除。

A320 型与 B737 型飞机的区别在于，A320 型有一套完整的滑梯分离器系统，在操作与解除滑梯预位时，客舱乘务员只需要通过压下或者抬起分离器手柄即可完成。

A320 型滑梯预位流程：

① 按住安全销顶部释放按钮，将安全销拔出，插入安全销存放孔内，展平警示带。

② 向下按住分离器手柄直至与舱门平齐。

③ 和对面舱门滑梯操作乘务员进行交叉检查。

④ 报告乘务长对应门区滑梯预位完毕。

A320 型滑梯解除预位流程：

① 向上抬起分离器手柄至与舱门垂直。

② 按住释放按钮取出安全销，并插入安全销孔，把警示带垂放在手柄上（或与手柄平行）。

③ 和对面舱门滑梯操作乘务员进行交叉检查。

④ 报告乘务长对应门区滑梯解除预位完毕。

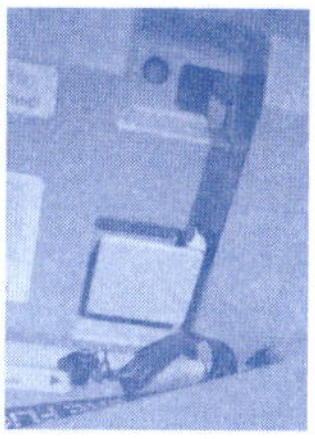

注意：如果分离器手柄处在预位（ARMED）位置时，从外侧开门，手柄将自动回到解除预位（DISARMED）位置。

（三）舱门操作时的注意事项

在紧急情况下，不管是乘客还是机组人员，每个应急出口都是紧急撤离时的逃生出口，所以每个人都应具有强烈的责任心和安全意识，严格按照规定程序操作分离器，确保万无一失。

（1）当乘务长发出“各号门乘务员准备，各号门乘务员就位，请确认滑梯操手柄位置，请操作滑梯预位”指令时，操作的人、检查的人必须到位，检查人必须按照操作内容说出声音，并对操作人的操作动作进行逐项监督和检查。如图 3-7 所示。

双人操作滑梯

图 3-7　双人操作滑梯

（2）操作人在操作时必须按照检查人读出的检查单内容逐项进行操作，并复述其内容。

（3）操作完毕，操作人和检查人再次确认分离器是否预位或解除预位，必须要做到眼到、手到、口到。

（4）交叉检查责任必须落实到位，开门前再次确认解除预位操作准确无误，宁慢三分，不抢一秒。

三、案例分析

【案例 1】 乘务长误放滑梯

2013 年 6 月 7 日，某航空公司乘务组执行西安—榆林航班，飞机在榆林落地，机长已将发动机关闭，同时安全带指示灯熄灭，飞机正常停靠廊桥后，乘务长起身向二号位广播乘务员确认轮椅旅客的信息传递情况时，听到 L1 门外地面工作人员敲门，此刻，乘务长在未发出解除待命指令、没有认真确认分离器手柄位置、也未向驾驶舱报备并确认开启舱门的情况下将 L1 门打开，导致在开门时滑梯包脱落并充气，造成一起违规操作的不安全事故，导致航班延误 56 分钟。

图 3-8 L1 舱门滑梯被误放

【案例 2】 乘务员误放滑梯

2006 年 5 月 26 日，某航空公司航班在上海浦东机场落地后，飞机滑行至停机位，乘务长通过客舱广播向乘务员发布指令："各号乘务员请准备，舱门手柄解除待命，并相互交叉检查。"后舱 L2 号门乘务员听到指令后，欲将分离器手柄放置待命位，此时发现分离器外饰塑料盖脱落，故停止解除滑梯预位的动作，同时试图用膝盖将分离器外饰盖复位，在用膝盖向上顶外饰盖的过程中，触动了舱门操作手柄，导致后舱 L2 门打开，同时将应急滑梯释放出。

四、实训任务

舱门标准操作训练与考核

以两人为小组，分别完成以下训练任务：

（1）乘客登机结束后，从内部关闭客舱门，听到乘务长指令“各号乘务员请各就各位，操作滑梯预位并交叉检查”，按照标准操作流程完成滑梯预位。（B737 和 A320 型飞机各一次）

（2）飞机停稳后，听到乘务长指令“各号乘务员请各就各位，解除滑梯预位并交叉检查”，完成后，听到乘务长第二个指令“请开门”，按照标准操作流程完成从内部开启舱门。（B737 型和 A320 型飞机各一次）

五、在线测试题

舱门操作训练

六、考核评价表

表 3-1　关闭舱门并操作滑梯预位考核评价表（B737 型）

班级：	小组编号：	姓名：
项　目	**内　容**	**得分**
关门操作（50 分）	1. 抓住门框上的辅助手柄固定自己（10 分）	
	2. 压下舱门阵风锁，解除舱门锁定（10 分）	
	3. 握住舱门上的辅助手柄，将门向内拉动（10 分）	
	4. 舱门到达最内侧时，抓住操作手柄顺时针旋转 190 度，直到舱门关闭锁定（10 分）	
	5. 用手触摸门缝处，检查舱门的锁定及密封情况（10 分）	
滑梯预位（50 分）	1. 听到乘务长指令后先将红色警示带预位（斜跨过观察窗固定）（10 分）	
	2. 将滑梯杆从舱门上的挂梯挂钩上取下，固定在地板支架上（20 分）	
	3. 和对面舱门滑梯操作乘务员进行交叉检查（10 分）	
	4. 报告乘务长对应门区滑梯预位完毕（10 分）	
总　分		评分老师： 日期：

表 3-2　关闭舱门并操作滑梯预位考核评价表（A320 型）

班级：	小组编号：	姓名：

项　目	内　容	得分
关门操作（50 分）	1. 抓住门框上的辅助手柄固定自己（10 分）	
	2. 压下舱门阵风锁，解除舱门锁定（10 分）	
	3. 握住舱门上的辅助手柄，将门向内拉动（10 分）	
	4. 舱门到达最内侧时，压下舱门操作手柄直至关闭（10 分）	
	5. 确认舱门指示牌位于锁定状态（LOCKED）（10 分）	
滑梯预位（50 分）	1. 听到乘务长指令后先按住安全销顶部释放按钮，取出安全销，插入安全销存放孔内，展平警示带（10 分）	
	2. 向下按住分离器手柄直至与舱门平齐（ARMED 位置）（20 分）	
	3. 和对面舱门滑梯操作乘务员进行交叉检查（10 分）	
	4. 报告乘务长对应门区滑梯预位完毕（10 分）	
总　分		评分老师： 日期：

表 3-3　解除滑梯预位并开启舱门考核评价表（B737 型）

班级：	小组编号：	姓名：

项　目	内　容	得分
解除预位（40 分）	1. 听到乘务长指令后先将滑梯杆从地板支架上取下，再将其固定到舱门上的滑梯挂钩上（10 分）	
	2. 解除红色警示带（将红色警示带恢复到“一”字形固定）（10 分）	
	3. 和对面舱门滑梯操作乘务员进行交叉检查（10 分）	
	4. 报告乘务长对应门区滑梯解除预位完毕（10 分）	
开门操作（60 分）	1. 开门前再次确认滑梯已解除预位（10 分）	
	2. 通过观察窗确认窗外一切正常（10 分）	
	3. 左手抓住门框辅助手柄固定自己，右手逆时针旋转舱门操作手柄 180 度（20 分）	
	4. 将舱门推至全开位，并确保舱门阵风锁已将舱门锁定（10 分）	
	5. 如门外没有连接廊桥或登机梯，则需立即挂好黄色安全警示带（10 分）	
总　分		评分老师： 日期：

表 3-4　解除滑梯预位并开启舱门考核评价表（A320 型）

班级：	小组编号：	姓名：

项　目	内　容	得分
解除预位（40 分）	1. 听到乘务长指令后打开分离器透明塑料盖，向上抬起分离器手柄至与舱门垂直（DISARMED）（10 分）	
	2. 按住释放按钮取出安全销，并插入安全销孔，把警示带垂放在手柄上（10 分）	
	3. 和对面舱门滑梯操作乘务员进行交叉检查（10 分）	
	4. 报告乘务长对应门区滑梯解除预位完毕（10 分）	
开门操作（60 分）	1. 开门前再次确认分离器手柄在解除位（DISARMED）（10 分）	
	2. 通过观察窗确认窗外一切正常（10 分）	
	3. 确认释压警告灯未亮（10 分）	
	4. 左手抓住门框辅助手柄固定自己，右手向上开启舱门操作手柄时（大约 30 度），确认分离器预位警告灯未亮（10 分）	
	5. 将舱门操作手柄完全向上开启，并将舱门向外推到全开位，直至被阵风锁锁住（10 分）	
	6. 如门外没有连接廊桥或登机梯，则需立即挂好黄色安全警示带（10 分）	
总　分		评分老师： 日期：

实训项目四　应急撤离训练

一、实训目标

通过本章节的学习，学生应掌握应急撤离的基本原则、应急处置的基本程序；在应急撤离程序演练时，能够掌握规范的动作、口令和表情，明确应急撤离时程序以及对客交流的要点。

二、实训内容

（一）应急处置基本原则

乘务员在飞机上的首要职责是保障飞行的安全，一旦遇到应急情况，一定要遵守以下七点基本原则。

应急处置基本原则：

（1）听从机长的指挥。

（2）迅速正确的判断。

（3）准备处置的措施。

（4）随机应变。

（5）沉着冷静。

（6）维持秩序。

（7）团结协作。

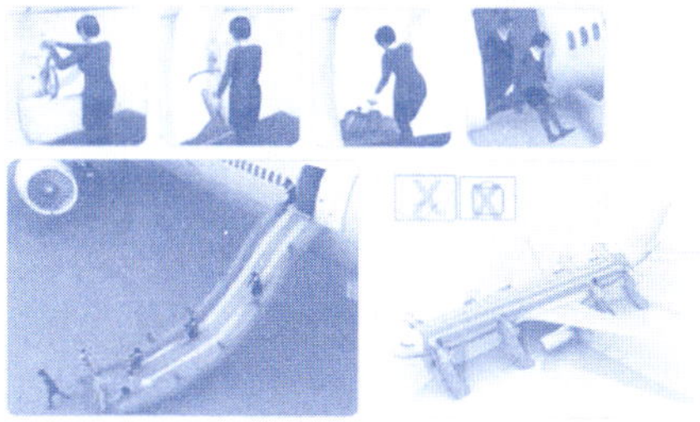

1．应急情况的指挥

机上全体人员，必须听从机长的指挥。如果机长失去指挥能力，机组其他成员按机上指挥权的接替规定下达命令。如果主任乘务长（乘务长）失去指挥能力，乘务组按指挥权的接替规定下达命令。

2．撤离时的指挥

（1）机长下达命令。

（2）一名区域乘务长或乘务员先下飞机负责地面（水上）指挥。

（3）乘务员开门后要迅速用双臂封住出口，判断滑梯/救生船充气状况，充气完毕迅速指挥乘客撤离。

（4）如果所负责的门和出口不能使用，迅速指挥乘客到其他出口脱出。

（5）陆地撤离指挥乘客“撤离，到这边来，跳、滑”。水上撤离指挥乘客上船前将救生衣充气。

3．逃离方向的选择

（1）陆地撤离时应选择在风上侧躲避，远离飞机 100 米以外。

（2）水上撤离时应选择在风下侧躲避，离开燃油区和燃烧区。

4．撤离时间

（1）陆地撤离时间为 90 秒钟，此时间是从飞机完全停稳到机上最后一个人撤离为止。

（2）水上撤离一般情况为 20 分钟，最少 13 分钟，机上人员必须在 13 分钟内撤离完毕。飞机在水面漂浮最长不会超过 60 分钟。

（二）撤离的分类

撤离可以根据有无准备分为有准备的应急撤离和无准备应急撤离，也可以根据飞机降落的地点分为陆地撤离和水上撤离。

1．有准备的应急撤离

撤离前有充分的准备时间进行客舱准备和应急广播。有准备的紧急撤离可能发生在陆上，也可能发生在水上。

（1）撤离前有充分的准备时间。

① 主任乘务长从驾驶舱获取应急迫降的信息，包括紧急情况的性质、采取的着陆方式、可供准备的时间、采取的撤离形式、采取的防冲击姿势的信号等。

② 召集乘务员并把信息传达给每位乘务员。

③ 关闭厨房电源及娱乐系统，固定厨房设备及松散物品。

④ 广播通知乘客迫降的决定。

⑤ 收直椅背、扣好小桌板、收起脚踏板、系好安全带。

⑥ 广播介绍所有出口位置及撤离路线。

⑦ 选择援助者，调整乘客座位。

⑧ 取下尖锐物品，放松衣服，存放好行李。

⑨ 广播表演防冲击姿势。

⑩ 救生衣演示（水上迫降）。

⑪ 重新检查固定客舱、厨房设备，清理出口和通道。

⑫ 乘务员自身准备。

⑬ 各区域乘务员确认准备工作完成后，报告乘务长。

⑭ 乘务长确认准备工作完成后，报告机长“乘务组和客舱准备工作完毕”。

（2）取下尖锐物品。

① 取下钢笔、发夹、小刀、珠宝首饰、手表，将它们放在行李袋内，假牙和眼镜放在自己外衣口袋内。

② 解下围巾和领带，放在行李箱内。

③ 脱下高跟鞋、皮鞋、带钉子的鞋，放入行李内。

④ 不要把任何东西放在座椅背后的口袋里。

⑤ 把所有物品和行李袋放在座椅底下或行李箱内。

应急撤离流程

（3）介绍防冲击姿势（区分乘务员和旅客的安全姿势）。

防冲击姿势如表 4-1 所示。

表 4-1　防冲击姿势

乘务员	乘　客
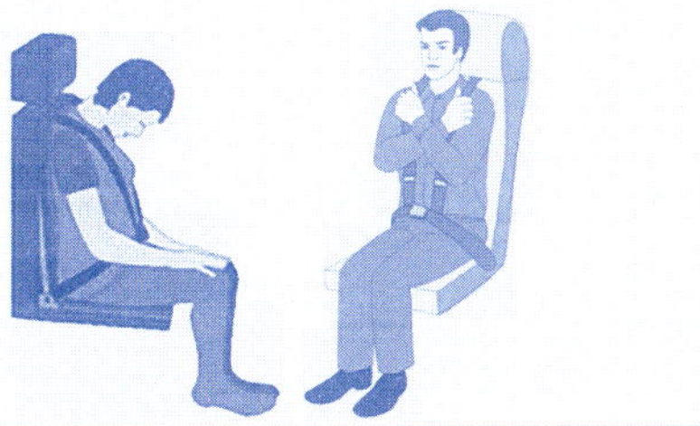	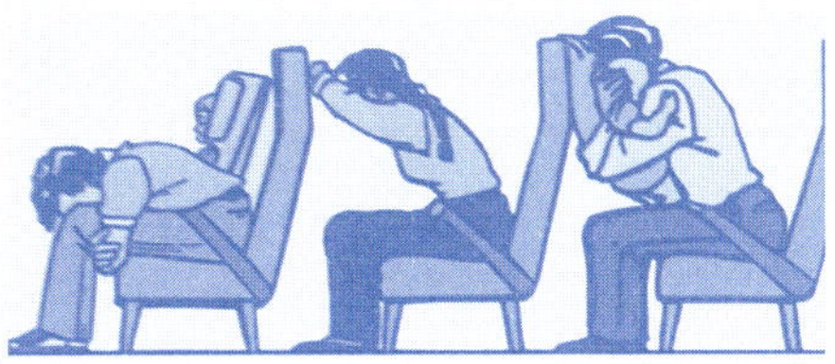
紧紧系牢肩带和座椅安全带，双臂挺直收紧下颚，手抓住座椅边缘，面向机尾坐的乘务员头靠椅背，两脚平放用力蹬地。 注意：坐在双座椅座位上的乘务员：紧紧系牢肩带和座椅安全带，双手紧抓肩带，两脚平放用力蹬地	身体前倾，头贴在双膝上，双手紧抱双腿，两脚平放用力蹬地，系紧安全带。 身体前倾，收紧下颚，双手交叉抱头，用力抓住前方座椅靠背，两脚平放用力蹬地，系紧安全带

（4）介绍脱出口。

每位旅客必须清楚区域内的所有出口，并明确两个最近的，以及当这个出口失效时，另一个较近的出口在什么位置。

（5）挑选援助者。

援助者的职责是帮助需要帮助的乘客及协助乘务员做好撤离工作。其挑选标准：

乘坐飞机的机组人员→本公司或其他航空公司的雇员→军人、警察、消防人员→身强力壮的男性旅客

（6）最后准备。

① 乘务员重新检查客舱/厨房，审阅应急撤离职责，调暗客舱灯。

② 脱下高跟鞋、皮鞋，取下锐利物品如耳环、丝巾扣等。

③ 如果是水上迫降，穿好救生衣，时间允许的情况下，脱下尼龙制品衣物。

④ 坐回乘务员座椅，系好安全带和肩带。

⑤ 报告主任乘务长、机长。

⑥ 做好防冲击准备。

注意：当机长广播通知“各就各位！各就各位！Attention！Attention！”或“系好安全带灯”多于两次闪烁及铃声时，乘务员必须回到执勤位置坐好并系好安全带和肩带。当机长发出口令“着陆！着陆！Landing！Landing！”时，乘务员高喊口令“低头弯腰，紧迫用力！Bend over，brace！”。

（7）当飞机着陆（水）停稳后。

机长宣布“撤离”命令，如果广播系统失效，“撤离警告鸣响”或“应急灯亮”，乘务员立即组织乘客撤离。

应急开门流程如表 4-2 所示，撤离口令如表 4-3 所示。

表 4-2　应急开门流程

开启舱门和紧急出口
1. 观察机外的状况
2. 确认滑梯预位状态
3. 打开舱门或紧急出口
4. 拉动人工充气手柄
5. 确认滑梯待用

应急撤离示范

表 4-3　撤离口令

指挥旅客撤离时的口令	
➢ 到这边来	come this way/come here
➢ 一个接一个	one by one
➢ 快点走	move fast
➢ 跳、滑	jump，slide
➢ 脱掉高跟鞋	take off shoes
出口不能使用时的口令	
➢ 此门不通	no exit
➢ 到对面去	go across
➢ 到前面去	go forward
➢ 到后面去	go back

2．无准备的应急撤离

无准备的应急撤离通常指在飞机起飞或着陆时，没有时间做充分准备，可能发生在地面或水上的应急撤离。因此，乘务员必须在出现第一个撞击迹象时迅速做出反应：

（1）根据情况迅速做出判断。

（2）发出口令“系好安全带！不要跑动！”“低头弯腰！”“全身紧迫用力！”，直到飞机完全停稳。

（3）呼叫驾驶舱机长，协调紧急撤离，听从机长口令。

（4）确认或打开应急灯。

（5）听到机长发出撤离指令时发出应急撤离口令。

（6）如果是水上迫降穿好救生衣。

（7）开门前观察门外情况（无烟、无火、无障碍）。

（8）开门后观察滑梯/救生船充气状况。

（9）指挥旅客不要带任何物品撤离，远离飞机。

（10）乘务员进行清舱检查、撤离飞机。

3．乘客撤离飞机后

当乘客撤离完毕，乘务员清理所负责的区域，确认无人后报告区域乘务长，其他区域也无须帮助后即可撤离。单通道的飞机由主任乘务长/乘务长做最后的清舱。陆地迫降从飞机的后门撤离，水上迫降从R1门撤离。

注意：机长做最后检查，最后一个撤离飞机。

离开飞机后：

（1）把乘客安排在远离飞机的安全距离之外。

（2）清点乘客和机组成员人数，报告机长。

（3）组织救治伤者。

（4）根据现场环境使用求救设备。

（5）如果可能的话，设置一名警卫以确保邮件、包裹或飞机的各部分不受干扰。

4．异常情况下撤离

通常情况下是由机长发出撤离口令，机上人员才能撤离，但有时驾驶舱内发生了异常情况得不到撤离指令，乘务长按压内话机报警或拍打驾驶舱门30秒钟后无应答，判断驾驶员失去指挥能力，在下列情况出现时有权实施撤离：机体明显破损、烟雾火灾无法控制、燃油严重泄漏、飞机进水。

三、案例分析

【案例1】　国航俄罗斯紧急撤离

2019年3月4日，国航某航班（北京—洛杉矶，波音777-300ER执飞）北京时间21:13从北京首都国际机场起飞。在俄罗斯空域飞行过程中，飞机出现后货舱火警信息，机组按照火警处置程序及时进行了处置。为确保安全，该航班于北京时间3月5日2:55就近安全备降俄罗斯阿纳德尔机场，并实施紧急撤离程序。落地后经检查，飞机货舱正常且无过火痕迹，初步判断为飞机火警信息故障。

3月5日凌晨2:30左右，乘客还在熟睡中，忽然，听到机长的广播："飞机发生故障，必须紧急降落。"片刻之后，机舱照明灯亮起，乘务员开始大声地叫醒每一个人。之后，飞机开始下降高度，20分钟后飞机触地了，周围白茫茫一片，没有任何陆地的痕迹，似乎飞机迫降在了海上。

飞机在很短的时间内完成制动、降速，刚一停稳，机上电源就被切断，乘务员们站到了各自负责的应急出口前做好准备，紧接着，再次听到机长广播："乘务长紧急撤离。"没有任何拖延，机上不同位置的10个应急门立即被打开，充气滑梯在几秒钟内膨胀成型，伸向地面。乘务员站在一旁，大声呼喊，引导乘客从充气滑梯快速撤离。这个时候有人打开行李架，箱子已经拉出了一半，乘务员声嘶力竭地朝他们喊："别拿东西，跑！"箱子又被塞了回去。

撤离过程中，由于跑道结冰，从充气滑梯上滑下来的一些乘客摔坐在跑道上，在这个过程中，有人不慎受伤。地面上，迎接大家的是凛冽的狂风和深过脚踝的积雪。由于担心飞机发生爆炸，落地后的乘客没有反应和休息的时间，只能在小腿深的雪地里艰难迈步，直到距离飞机200米左右才停下。

在休息地点，机组人员反复确认乘客名单和受伤情况。从飞机上撤离前，乘务员带上了医疗包，并且帮助了一位受伤的女士处理肘关节固定夹板，撤离中受伤的乘客以中老年人、女性居多，大多是在跳到安全滑梯时皮肤挫伤。

四、实训任务

水上撤离与陆上撤离训练与考核

1．训练要求

（1）应急撤离程序演练包括应急处置基本原则、撤离情况指挥权、撤离的分类、有准备陆地撤离/水上撤离程序、撤离口令及注意事项。

（2）学生在应急撤离程序演练时，应配合规范的动作、口令和表情，明确应急撤离时对客交流的要点。

（3）在进行应急撤离程序内容讲解时，详细的记录笔记，以组为单位进行程序演练和考核。

（4）乘务员当听到机长（由老师扮演）发出撤离指令后，执行正确操作和口令。

2．训练任务

分组完成以下实训项目的训练与考核，由老师扮演机长，小组成员担任不同的乘务员角色：

（1）有准备的陆上撤离；

（2）有准备的水上撤离；

（3）无准备的应急撤离。

五、在线测试题

应急撤离训练

六、考核评价表

表 4-4　有准备的陆上撤离考核评价表

班级：	小组编号：	姓名：

项　目	内　容	得分
着陆前准备（40 分）	1. 召开准备会通知所有组员（5 分）	
	2. 关闭厨房电源、固定厨房设备，通知旅客迫降的决定（5 分）	
	3. 客舱安全检查，提醒旅客，脱下高跟鞋、收直椅背、扣好小桌板、收起脚踏板、系好安全带（10 分）	
	4. 选择援助者，调整旅客座位（5 分）	
	5. 划分撤离区域，介绍撤离路线（5 分）	
	6. 广播表演防冲击姿势，指导旅客练习防冲击姿势（5 分）	
	7. 乘务员自身准备并报告乘务长（5 分）	
开门并完成撤离（60 分）	1. 机长发布撞击指令“准备冲撞！准备冲撞！Landing！Landing！”，乘务员不间断发布防冲击口令，直到飞机停稳（10 分）	
	2. 机长发布指令“客舱机组，各就各位”，乘务员指挥旅客解开安全带，双手做阻挡旅客姿势，“解开安全带，不要动！”（5 分）	
	3. 听到机长发出应急撤离指令，迅速起身，查看观察窗并说明情况（5 分）	
	4. R1 舱门外失火，乘务员封门，引导乘客对面撤离（5 分）	
	5. L1 舱门外一切正常，15 秒内开启 L1 舱门并充气（20 分）	
	6. 指引乘客从 L1 门跳滑撤离飞机（10 分）	
	7. 区域内所有旅客撤离完毕后，迅速从 L1 门跳滑撤离飞机（5 分）	
总　分		评分老师： 日期：

表 4-5　有准备的水上撤离考核评价表

班级：	小组编号：	姓名：

项　目	内　容	得分
着陆前准备（40 分）	1. 召开准备会通知所有组员（5 分）	
	2. 关闭厨房电源、固定厨房设备，通知旅客迫降的决定（5 分）	
	3. 客舱安全检查，提醒旅客，脱下高跟鞋、收直椅背、扣好小桌板、收起脚踏板、系好安全带（5 分）	
	4. 选择援助者，调整旅客座位（5 分）	
	5. 划分撤离区域，介绍撤离路线（5 分）	
	6. 广播表演防冲击姿势，救生衣的穿戴方法，指导旅客练习防冲击姿势穿戴救生衣（10 分）	
	7. 乘务员自身准备并报告乘务长（5 分）	
开门并完成撤离（60 分）	1. 机长发布撞击指令“准备冲撞！准备冲撞！Landing！Landing！”，乘务员不间断发布防冲击口令，直到飞机停稳（10 分）	
	2. 机长发布指令“客舱乘务员，各就各位”，乘务员指挥旅客解开安全带，双手做阻挡旅客姿势，“解开安全带，不要动！”（5 分）	
	3. 听到机长发出应急撤离指令，迅速起身，查看观察窗并说明情况（5 分）	
	4. 指引乘客从 L1 门跳滑撤离飞机（10 分）	
	5. 区域内所有旅客撤离完毕后，迅速从 L1 门跳滑撤离飞机（5 分）	
	6. 指引乘客救生衣充气并从 L1 门上救生船（10 分）	
	7. 区域内所有旅客撤离完毕后，乘务员迅速从 L1 门上船，并割断连接绳（5 分）	
总　分		评分老师： 日期：

表 4-6　无准备的应急撤离考核评价表

班级：	小组编号：	姓名：

项　目	内　容	得分
无准备应急撤离（60分）	1. 乘务员在出现第一个撞击迹象时应迅速做出判断，发布防冲击口令，直到飞机完全停稳（20分）	
	2. 联系驾驶舱，报告情况（10分）	
	3. 解开自身安全带，指挥旅客解开安全带，不要动（双手做阻挡旅客姿势）（10分）	
	4. 听到机长发出应急撤离指令，迅速起身，查看观察窗并说明情况（10分）	
	5. R1 舱门外失火，乘务员封门，引导乘客从 L1 门撤离（10分）	
	6. L1 舱门外一切正常，15 秒内开启 L1 舱门并充气（20分）	
	7. 指引乘客从 L1 门跳滑撤离飞机（10分）	
	8. 区域内所有旅客撤离完毕后，迅速从 L1 门跳滑撤离飞机（10分）	
总　分		评分老师： 日期：

实训项目五 客舱失火处置

一、实训目标

通过本章节的学习，学生应了解机上火灾的类型、机上灭火设备的种类及使用方法，掌握机上三人灭火小组的灭火流程，具备烤箱灭火、行李架灭火、烤箱灭火、卫生间灭火的能力。

二、实训内容

（一）机上烟雾/火灾的基本常识

飞机客舱内部是一个密闭的增压舱，一旦发生烟雾或者火灾就可能带来非常严重的后果，因此，每一名客舱乘务员都必须具备一定的火灾知识和快速灭火的能力。

1．机上火灾的分类

飞机上常见的火灾类型主要分为以下三类，如表 5-1 所示。

火灾的种类

表 5-1　常见的火灾类型

火灾类型	A 类	B 类	C 类
燃烧物	织物、纸、木、塑料、橡胶等	易燃的液体、油脂等	电器设备
烟雾	通常是灰色或褐色，较浓重	通常是黑色，非常浓重，具有汽油/润滑油气味	通常是淡灰色或微蓝色，非常细微，可迅速散开

其中，飞机上的海伦灭火瓶适用于 A、B、C 三种类型的火灾，而水灭火瓶只适用于 A 类火灾。

2．机上的火灾隐患

飞机上容易发生火灾的地方有厨房的烤箱、烧水杯，卫生间的垃圾箱、马桶，客舱的衣帽间、行李架、乘客座椅下方等。主要的火灾隐患来源于：

（1）烤箱内存有异物或加热时间过长。

（2）旅客携带易燃物品上飞机。

（3）卫生间抽水马桶故障。

（4）卫生间内有人吸烟。

（5）错误操作电气设备或电气设备故障。

（6）不按规定使用充电宝、笔记本电脑等锂电池设备。

（二）灭烟/灭火程序

在执行任何灭烟/灭火程序时都应组成三人灭烟/灭火小组，一名负责灭烟/灭火，一名负责通信联络，一名负责援助。具体的灭烟/灭火程序如下：

（1）寻找烟源/火源，确定烟/火的性质。

（2）拔出受影响区域的跳开关，切断电源。

（3）乘务员要注意做好自我保护，穿戴好防护式呼吸装置，取用相应的灭火瓶灭火。

（4）向机长报告，始终保持与驾驶舱的联系。必要时请求机长切断烟雾/失火区域电源。

（5）收集所有的灭火设备到失火现场，保持灭火设备随时可用。

（6）监视情况，保证余火灭尽。

（7）在整个灭火过程中，需要随时关注乘客，客舱内有烟雾时提醒乘客“低头弯腰、捂住口鼻”，必要时转移火源附近乘客的座位，确保乘客不会因为失火在客舱中出现随处跑动的情况，以免造成飞机失衡。

（8）火势完全扑灭后，乘务长统计乘客受伤情况、机体破损情况以及应急设备使用情况后报告机长。

（9）持续安排专人监控失火点。

1．三人灭火小组的职责

灭火者的职责：

首先发现冒烟/失火的乘务员应该承担灭火者的工作：

① 负责观察烟雾、火情。

② 就近取用适用的灭火瓶和防护式呼吸装置。

③ 立即灭烟/灭火。

④ 通知其他乘务员。

通信联络员的职责：

通信联络员需要通过内话系统向机长报告火情，注意“语言简练、信息清晰”，主要报告以下几点：

① 冒烟/失火位置及物品。

② 有无异常响声。

③ 烟的浓度、气味、烟/火的颜色。

④ 火势大小。

⑤ 对乘客的影响。

⑥ 客舱乘务员采取的行动。

在整个灭火过程中，通信联络员需要保持不间断地与驾驶舱联系，汇报冒烟/灭火情况，传递机组指示，除此之外，还需要准备好辅助灭火设备，做好第二灭火者准备。

援助者的职责：

① 收集其余的灭火瓶和防护式呼吸装置。

② 做好接替灭火者工作的准备。

③ 负责监视防护式呼吸装置的使用时间。

④ 转移火源附近的易燃、易爆物品。

⑤ 如有必要，转移火源附近的旅客，避免旅客大面积移动导致飞机失衡。

⑥ 负责监视余火，保证其无复燃的可能。

2．灭烟/灭火过程中的注意事项

（1）保持驾驶舱门的关闭。

（2）搬走火源区域的易燃物品（氧气瓶等）。

（3）不要使用氧气设备（不包括 PBE）。

（4）条件允许时，蹲下来降低身高或利用门、隔板作为保护。

（5）开门之前，在门板及门框处喷洒灭火剂，创造惰性气体保护环境。

（6）灭火者利用灭火瓶挡在面前做保护。

（7）灭火时应将喷嘴对准火源的底部，由远至近，从外向里，水平移动灭火。

（8）喷射灭火剂后，关闭舱门/通风孔等隔绝氧气，控制火情。

（9）经常用手背测试舱门/进口板/隔板温度。

（10）条件允许时，可使用水作临时降温阻燃物。

（11）灭火过程中随时对乘客进行关注。

乘客的保护：

① 调整火源区域乘客座位。

② 指挥乘客身体放低，用手或其他布类罩住口鼻呼吸（衣服、小毛巾、头片等，如果湿的更好），避免吸入有毒的气体。

③ 要求旅客穿上长袖衣服，防止皮肤暴露。

④ 保持乘客的情绪稳定。

⑤ 根据机长指示，做好应急撤离的准备。

（三）典型烟雾/火灾的处置

卫生间失火处置

1．卫生间冒烟/失火

卫生间冒烟/失火在机上火灾中占较大比例，约45%左右的火灾都是发生在卫生间。而对于卫生间/失火的原因，有80%的火灾是由旅客在卫生间吸烟，并将烟头随意丢掉引起的。

如果烟雾探测器报警，表明卫生间发生烟雾或起火，应做出以下处置：

（1）检查卫生间内是否有人，并用手背感觉门的温度。

如果有旅客在卫生间内，是旅客吸烟造成烟雾探测器报警的，应要求旅客立即熄灭香烟，开门将烟雾从卫生间内排出，报警解除。乘务员应向吸烟者明确地指出其行为不当，并且通知机长。

（2）如果没有旅客在卫生间，并且卫生间门是凉的：

① 取出就近的灭火瓶（最好是海伦灭火瓶）。

② 小心打开卫生间的门，寻找烟源/火源。

③ 如果仅发现垃圾箱冒烟/失火，用水浇湿垃圾箱。

④ 如果电器冒烟/失火，使用海伦灭火瓶灭火。

⑤ 通知机长并锁住卫生间，派专人监控卫生间区域。

如果卫生间门是热的，采取以下措施：

（1）通知机长切断卫生间电源。

（2）当烟雾从门四周溢出时，应用湿毛毯堵住。

（3）穿戴好防护式呼吸装置，取出灭火瓶和斧头。

（4）低身蹲下，利用门板做保护，将门打开小缝或用斧头在门的上方凿个洞。

（5）将灭火剂从门缝或洞口喷入。

（6）关闭卫生间门或封住洞口。

（7）重复灭火步骤（4）至步骤（6），直至火被扑灭。

（8）余火灭尽后，用湿毛毯盖住失火区域。

（9）通知机长并锁住卫生间，派专人监控卫生间区域。

2．烤炉冒烟/失火

烤炉冒烟/失火一般是由油脂着火或电器故障引起的。电器故障引起的冒烟/失火具有特殊的酸性气味，油脂燃烧伴有食品烧焦的味道。观察到烤炉冒烟时，应按烤炉失火处置。烤炉冒烟/失火时，采取以下措施：

（1）切断烤炉电源，拔出相应的断路器（必要时可关闭该区域电源），保持烤炉门关闭。

（2）迅速准备好海伦灭火器和防护式呼吸装置等设备，通知机长，组成三人灭火小组。

（3）观察、判断烟势/火势的变化情况，及时转移火区的可燃/助燃物品，根据烟势/火情采取以下措施：

若烟雾减少，继续保持烤炉门关闭直至烟雾消失，并保持与驾驶舱的联系；若烟雾持续、变浓或出现明火，则立即实施灭火程序：

① 穿戴好防护式呼吸装置。

② 在打开烤炉门之前，在烤炉周围喷洒灭火剂，以创造惰性气体保护环境。

③ 将烤炉门打开一缝隙，仅够插进灭火器喷嘴即可。

④ 使用海伦灭火器进行短时喷射。

⑤ 迅速关闭烤炉门。

⑥ 若明火蔓延到烤箱外部，则直接使用海伦灭火器进行灭火。

⑦ 持续观察烟/火情况。

⑧ 保持不间断的与驾驶舱联系。

⑨ 重复以上步骤直至烟/火熄灭。

⑩ 不要将燃烧的物品从烤炉中取出，不要再次接通该烤炉电源。

（4）若烟势/火势得到有效控制，乘务员须持续监控冒烟/失火烤炉，防止复燃，直至飞机落地；若烟势/火势无法得到有效控制，则明确报告机长并听从机长指挥。

3．行李架冒烟/失火

行李架失火处置

如果发现行李架冒烟/失火，采取以下措施：

（1）将乘客撤离出此区域，同时通知机长。

（2）用手背感觉行李架表面的温度，找出温度最高的区域，确定烟源/火源位置。

（3）将行李架打开一条小缝隙，仅够插进灭火器喷嘴即可。

（4）将灭火剂喷入行李架内，然后关闭行李架。

（5）重复灭火步骤（3）、步骤（4），直至烟/火被扑灭。

（6）派专人监控该行李架。

（四）锂电池失火处置原则

当锂电池发生火情时，使用水灭火瓶或其他非易燃液体来冷却电池芯和装置，使起火的电池内电池芯冷却，防止热量继续扩散到相邻电池芯。如果没有水灭火器，可使用其他不可燃液体来冷却电池芯和装置。如有明火时，使用海伦灭火瓶可以控制由于锂电池失火蔓延到周围的火情。使用海伦或水灭火器灭火后，应立即使用水或含水的非易燃液体充分覆盖和浸湿锂电池，因为只有水或含水的非易燃液体才能足够冷却锂电池或锂电池组里的电池芯并防止复燃。

锂电池失火处置程序：

（1）断开或除去失火设备上的外接电源（如适用）。

（2）使用海伦灭火器或水灭火器灭火。

（3）立即持续用水或其他非易燃液体浸透失火的电子设备，降低锂电池单元电池芯的温度，阻断热散逸，防止相邻电池芯失火。

（4）如果该装置之前与飞机电源插座相连接，拔下其余所有电源插座上的电源，直至确认机上系统无故障。

（5）灭火期间与驾驶舱保持不间断的联络。

锂电池失火处置注意事项：

（1）使用水或非易燃液体浸湿含有锂电池的电子设备时，避免使水溅撒在航空器系统的其他电子设备上。

（2）不要企图移动燃烧或冒烟的电子设备，以防止带来严重的人身伤害。

（3）不要使用物品覆盖电子设备或试图用冰块降低温度，此种隔绝设备的方式会导致设备超温速度加快。

三、案例分析

【案例 1】　烤箱失火

2012 年 12 月 3 日，执飞青岛—南京—昆明的某航班在南京禄口机场作短暂停留。一批乘客登机后，大约 9 时 40 分，准备再次起飞时，后舱一个电烤箱突然冒烟起火，机舱弥漫一股焦煳味。乘务员赶紧找来两只灭火器，将明火扑灭。170 多名乘客被疏散，回到 3 号待机口，一直等到下午 1 点 10 分才再次起飞。这架飞机，因为航班延误近 3 个小时，部分乘客意见较大，原行程到昆明后就转机飞西双版纳，现在晚点太多，耽误了转机。一个 28 人组成的镇江旅游团拒绝登机，与工作人员发生争吵。

烤箱着火致使航班延误近 3 个小时，事故中无人员伤亡。经调查，事故原因是易燃的食品包装接触到加热线引起，火扑灭后因为要配备灭火器，所以耽误了较长时间。

【案例 2】　行李架锂电池失火

2018 年 12 月 23 日，某航空公司国际航班从马尼拉槟城起飞，在飞往广州途中行李架突然出现明火。经过机组人员应急处置，该航班被迫返航马尼拉。据悉，本次起火原因是一名外籍乘客在行李中携带了一个充电宝设备，该设备在飞机起飞 3 小时后突然冒烟并起火。机组人员对起火行李架进行了应急处置，火势很快得到控制，除该乘客个人行李及周边所放行李受到一定程度的烧毁之外，未造成其他财产损失。

马尼拉槟城机场方面高度重视，在航班迫降前便出动了消防车、救护车等保障性车辆严阵以待。航班降落后，机组人员组织所有乘客下机，并重新接受了安全检查，包括所有托运行李及乘客随身行李都接受了相应的检查措施。引发此次事件的原因是充电宝中的主要元器件——锂离子电池。据介绍，锂是极不稳定的金属元素，含锂元素的电池或充电宝在剧烈摩擦或强烈碰撞的过程中极易产生高温及火花。如果将锂离子电池直接放入办理托运的行李中，行李在狭小的飞机货舱空间极易受到挤压和碰撞，导致锂离子电池发生自燃。

【案例 3】 乘客纵火

2015 年 7 月 26 日凌晨 1 时许，某航空公司一架由台州飞往广州的航班在降落过程中，一名旅客企图破坏机舱设施，制造事端，严重危及飞行安全，被机组人员和机上其他旅客制服。广州白云国际机场接报后，迅速启动了应急救援行动。飞机在白云机场第三跑道安全着陆，机上 95 名旅客及 9 名机组人员被紧急疏散。事件中无人员死亡，有 2 人轻伤被送往医院救治，其中一位伤者手臂外伤经治疗后已出院，另一位伤者腰部扭伤留院观察。

有微博网友称，该男子是携带了汽油与打火机试图纵火。当时机组果断报告“MAY DAY”（紧急迫降），降落后打开了紧急滑梯疏散旅客。从现场图片来看，被火势影响的是个别座椅和舱门。专家表示，飞机内的地板、座椅和舱门的制造材料都是耐火的，不会被轻易点燃，因此引发大火的可能性不大，就算是局部失火，机上的安全员用灭火器即可扑灭，因此对航空器的影响并不大。对飞机真正会引发重大影响的是旅客的惊慌。如果出现紧急情况时，由于旅客的慌不择路，到处乱跑，会导致飞机失衡，重心发生重大变化而最终引发飞机失事。

四、实训任务

客舱失火处置情景演练与考核

1. 火灾种类有哪几种？

2. 卫生间失火的处置步骤是什么？

3. 三人灭火小组的职责各是什么？

4. 关于客舱失火处置考核，以小组为单位，以抽签的形式，分别完成以下 4 个场景的考核：

（1）烤箱失火处置考核；

（2）卫生间失火处置考核；

（3）行李架失火处置考核；

（4）乘客纵火处置考核。

五、在线测试题

客舱失火处置

六、考核评价表

表 5-2　烤箱灭火技能评分标准

小组编号：	小组人员名单：	
项　目	内　容	得分
海伦灭火瓶的使用方法和注意事项（15 分）	1. 能够完整口述海伦灭火瓶的航前检查方法（5 分）	
	2. 能够迅速取出失火区域就近的灭火瓶，使用完灭火瓶能够正确放回指定位置（5 分）	
	3. 能够迅速取下灭火瓶的安全销/压断保险丝，垂直握住灭火瓶体，对准火源底部来回扫射（5 分）	
防烟面罩的使用方法和注意事项（15 分）	1. 能够正确口述防烟面罩的飞行前检查要点，并进行检查（5 分）	
	2. 能够正确使用防烟面罩，重点包括面罩的触发方法、密封性等（5 分）	
	3. 能够正确口述防烟面罩的使用时间和注意事项（5 分）	
烤箱灭火技能（50 分）	1. 保持烤箱关闭，以消耗氧气和窒息火焰（10 分）	
	2. 切断厨房电源和烤箱电源，拔出相应断路器（10 分）	
	3. 如果火势较大、火焰扩展到烤箱外面，应戴上呼吸保护装置；稍微打开烤箱门，能放入灭火瓶喷嘴；释放灭火剂，关闭烤箱门（10 分）	
	4. 观察烤箱内火是否完全熄灭时，应将烤箱门开一缝隙，避免遇有空气余火复燃（10 分）	
	5. 不要再次接通该烤箱电源（10 分）	
旅客管理技能（20 分）	1. 能够有效地和旅客沟通说明烤箱失火情况（10 分）	
	2. 能够控制客舱秩序（10 分）	
总　分		

表 5-3　卫生间灭火技能评分标准

小组编号：	小组人员名单：	
项　目	**内　容**	**得分**
卫生间灭火技能（50 分）	1. 灭火者、援助者、联络员的职责分配清晰（10 分）	
	2. 按照灭火瓶操作规范使用灭火瓶（10 分）	
	3. 有效进行了旅客的控制（大面积前后移动），并指挥旅客进行自我保护（5 分）	
	4. 能够根据不同情况(卫生间门是凉的或门是热的)，按照相应程序进行卫生间灭火（10 分）	
	5. 卫生间失火时，能够按照规范和飞行机组进行有效沟通，报告的内容包括失火的位置、火势的大小、颜色、气味、乘务员的处置、起火原因等（10 分）	
	6. 三人灭火小组成员间有效配合，做好职责接替，团队协作能力强（5 分）	
旅客管理技能（50 分）	1. 乘务员调整旅客座位的语言应用流畅、清晰（10 分）	
	2. 乘务员的英文流利，能够有效地和外国旅客沟通、解释失火情况，调整旅客座位（10 分）	
	3. 卫生间失火后，能够迅速反应，调整旅客至安全区域（10 分）	
	4. 卫生间失火后，乘务组能够有效配合和外国旅客进行沟通解释（10 分）	
	5. 团队协同有效，灭火处置的同时能够快速调整旅客座位，能够合理分工，组织有序（10 分）	
总　分		评分老师： 日期：

表 5-4 行李架锂电池灭火技能评分标准

小组编号：	小组人员名单：	
项 目	**内 容**	**得分**
行李架锂电池灭火技能（35 分）	1. 三人灭火小组成员间有效配合，使用最近的灭火瓶灭火，戴上防烟面罩（5 分）	
	2. 移开氧气瓶等供氧设备（5 分）	
	3. 用手背接触行李架确定温度，并判断是否有火，找出温度最高的区域，确定火源位置（5 分）	
	4. 将行李架打开一条缝隙，仅够插进灭火瓶喷嘴即可，将灭火剂喷入行李架，然后关闭行李架（5 分）	
	5. 在确保安全的前提下，断开设备电源，禁止拔出着火设备的电池（5 分）	
	6. 用水（或其他不可燃液体）浇侵设备，使电池芯冷却（5 分）	
	7. 当明火被扑灭后，将设备冷却一段时间（10～15 分钟）： ① 找到一个合适的容器，在里面装上足够的水（或其他不可燃液体）； ② 将着火设备完全浸入水中； ③ 为防止溢出，尽可能妥善放置并固定好容器（5 分）	
旅客管理技能（65 分）	1. 行李架失火后，能够迅速反应，呼喊中英文口令指挥旅客自我保护（10 分）	
	2. 能快速、准确地进行客舱广播通知旅客（10 分）	
	3. 能够根据行李架内锂电池失火情况有效地转移不同的旅客至安全区域（失火区域 3 排以外位置）（15 分）	
	4. 能够根据行李架内锂电池失火情况有效地安抚旅客，包括老年人、儿童、孕妇等特殊旅客的沟通（20 分）	
	5. 团队协同有效，灭火处置的同时能够快速调整旅客座位，能够合理分工，组织有序（10 分）	
总 分		评分老师： 日期

表 5-5　乘客纵火处置技能评分标准

小组编号：	小组人员名单：	
项　目	**内　容**	**得分**
乘客纵火处置技能（35 分）	1. 灭火者、援助者、联络员的职责分配清晰（5 分）	
	2. 按照灭火瓶操作规范使用灭火瓶（5 分）	
	3. 有效进行旅客的控制（大面积前后移动），并指挥旅客进行自我保护（5 分）	
	4. 能够根据不同情况，按照相应程序进行灭火（5 分）	
	5. 乘务组能够分工配合，迅速制服、控制纵火旅客（10 分）	
	6. 乘务组有效配合，做好职责接替，团队协作能力强（5 分）	
旅客管理技能（65 分）	1. 行李架失火后，能够迅速反应，呼喊中英文口令指挥旅客自我保护（5 分）	
	2. 能快速、准确地进行客舱广播通知旅客（5 分）	
	3. 能够根据失火情况有效地转移不同的旅客至安全区域（失火区域 3 排以外位置）（10 分）	
	4. 能够根据失火情况有效地安抚旅客，包括老年人、儿童、孕妇等特殊旅客的沟通、安抚（20 分）	
	5. 能够正确进行失火时旅客的急救，例如呼吸困难、受惊、外伤受伤的旅客（15 分）	
	6. 能够控制客舱秩序，防止旅客大面积移动造成飞机失衡（10 分）	
总　分		评分老师： 日期：

实训项目六 客舱释压处置

一、实训目标

通过本章节的学习，学生应掌握客舱释压的类型、不同类型客舱释压的反应以及处置流程，包括配合规范的动作、口令和表情，明确客舱释压处置时对客交流的要点。

二、实训内容

飞机客舱内部是一个密闭的增压气密舱，释压也就是失去气密。在高空客舱释压，对人体主要有两大威胁：缺氧和低温。严重时会使人丧失意识，虚脱，最终导致死亡。

一旦飞机发生客舱释压，氧气面罩会自动脱落，为乘客和乘务员提供氧气，驾驶舱飞行机组也配有专用的供氧系统，机长会操作飞机尽快下降至安全高度，在达到安全高度后，大部分人不适用氧气面罩也可以进行正常呼吸。

（一）缓慢释压

缓慢释压是指逐渐失去座舱压力，它可能是因舱门或应急窗的密封泄漏或增压系统发生故障而引起的。

缓慢释压的表现：

（1）机上人员发困和感到疲劳。

（2）氧气面罩可能脱落。

（3）紧急用氧广播开始。

（4）失密警告灯可能亮。

（5）在舱门和窗口周围可能有光线进入。

（6）耳朵不舒服，有打嗝和排气的现象。

（二）快速释压

快速释压是指迅速失去座舱压力，通常是在一分钟内发生的，它可能是因密封金属疲劳破裂，炸弹爆炸或武器射击而引起的。在极端情况下，飞机上的释压过程可能是在 5 秒内发生的，因此可以把这类快速释压归类为爆炸性释压。

1. 快速释压的表现

快速释压的表现：

（1）飞机结构突然损坏，并出现强烈震动。

（2）有物体在舱内飘飞，可能出现灰尘。

（3）冷空气涌入客舱，客舱内温度下降。

（4）有很响的气流声及薄雾出现。

（5）压耳痛，氧气面罩脱落。

（6）飞机作大角度的紧急下降。

（7）紧急用氧广播开始。

（8）失密警告灯亮。

（9）禁烟灯及系好安全带灯亮。

（10）客舱灯全亮。

2. 爆炸性释压的表现

通常爆炸性释压主要是由结构故障或者危险品爆炸引起的，如旅客窗户爆裂或者爆炸设备引爆。在这种情况下，可能出现下列现象：首先客舱发出巨响，接着空气从开口吸出时发出的大噪声。根据洞的位置和尺寸，洞的附近没有固定的物品可能被吸出飞机，旅客氧气面罩将从旅客服务组件（PSU）中脱落。旅客广播系统自动以至少两种语言进行旅客广播。客舱照明自动选定 100%（全亮）。安全带信号灯和禁止吸烟信号灯自动接通。

（三）释压后人体的反应

释压后人体主要表现的症状有三个阶段，如图 6-1 所示。

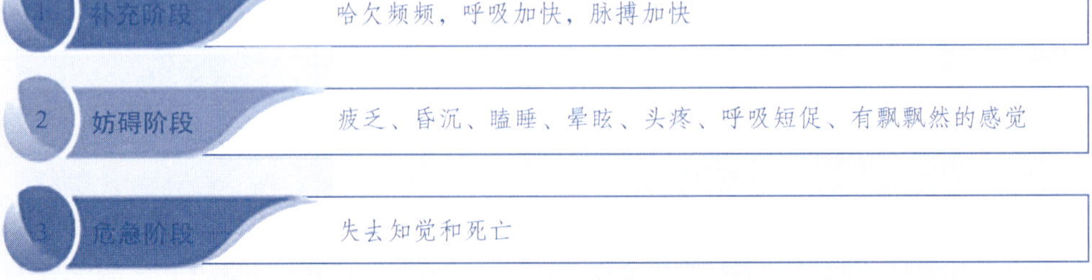

图 6-1　释压后人体的反应症状

在释压情况下，如果不启动紧急供氧系统，在高空中运行的飞机将无法提供足够的氧气给机上人员，由于缺氧和压力的改变，机上人员可能会感到头痛、压耳痛、呼吸困难、指甲和嘴唇发紫，失去意识，甚至死亡。

1．缓慢释压

机上人员发困和感到疲劳；耳朵不舒服，有打嗝和排气的现象。其主要危险在于机上人员不知道自身已经缺氧，察觉后可能已经无法行动或失去意识。

2．快速释压

当你身体内的空气因释压而膨胀时，你会感到腹部、胸部和耳朵不舒服；刚开始时的痛苦会很快过去；空气变得模糊和寒冷。爆炸性释压的初始影响可能让人难以适从。

3．释压后机上人员的反应症状（表 6-1）

客舱释压后的反应

表 6-1　释压后不同高度机上人员的反应症状

高　度	症　状
海平面	正　常
10 000 英尺	头痛、疲劳
14 000 英尺	发困、头痛、视力减弱，肌肉组织相互不协调，指甲发紫、晕厥
18 000 英尺	除上述症状外，记忆力减退，重复同一动作
22 000 英尺	惊厥，虚脱，昏迷，休克
28 000 英尺	5 分钟之内立即出现虚脱、昏迷

对于身体较差的人来讲，其所出现的缺氧反应会更强烈。

4．释压后机上人员的有效知觉时间

有效知觉时间（TUC）是指人的大脑能够保持足够清醒并能够做出正确判断的时间。在不同的高度，人在静止状态下有效的知觉时间是非常短暂的。释压后不同高度对应的机上人员有效知觉时间，如表 6-2 所示。

表 6-2　释压后不同高度机上人员有效知觉时间

高　度	有效知觉时间
22 000 英尺	5～10 分钟
25 000 英尺	3～5 分钟
30 000 英尺	1～2 分钟
35 000 英尺	30 秒
40 000 英尺	15 秒

（四）释压的处置

客舱释压处置

1．驾驶舱机组人员对释压做出的直接处置

（1）戴上氧气面罩。

（2）把飞行高度迅速下降到 10 000 英尺左右。

（3）打开“禁止吸烟”和“系好安全带”信号灯。

2．客舱乘务员对释压的直接处置程序

（1）客舱乘务员戴上最近的氧气面罩。

（2）迅速坐在就近的座位上，系好安全带。如果没有空座位，则蹲在客舱地板上，抓住就近的结实机体结构固定住自己。

（3）指示乘客戴上氧气面罩。

（4）有些乘客难以戴上氧气面罩，需要指示乘客摘下眼镜，或者指示已经戴上氧气面罩的成年人协助坐在他们旁边的儿童。

3．到达安全高度后客舱检查程序

飞机到达安全高度，并且飞行机组已宣布可以安全走动，客舱乘务员检查客舱和乘客情况。客舱检查程序如下：

（1）携带手提式氧气瓶。

（2）检查乘客用氧情况，首先护理急救失去知觉的乘客和儿童，然后照顾其他乘客。

（3）对缺氧乘客提供手提式氧气瓶。

（4）如果在机身上有一裂口的话，则重新安置乘客的座位，让他们离开危险的区域。

（5）检查厕所内有无乘客。

（6）检查机舱内有无火源。

（7）在客舱中走动，并让乘客消除疑虑。

（8）对受伤乘客或机组成员给予急救。

（9）如果可能的话，让乘客把用过的氧气面罩放入他们的座椅口袋内，不要把它们重新存放好或者试图把氧气面罩拉出乘客服务板。

4．处理客舱释压时应遵循的原则

（1）氧气面罩的佩戴顺序：先乘务员后成年人乘客再未成年人乘客，也可同时进行。示例如图 6-2 所示。

（2）在释压状态未被解除之前，任何人都应停止活动。

（3）对有知觉的乘客提供氧气时，使其保持直立位，对没有知觉的乘客提供氧气，使其采取仰靠位。

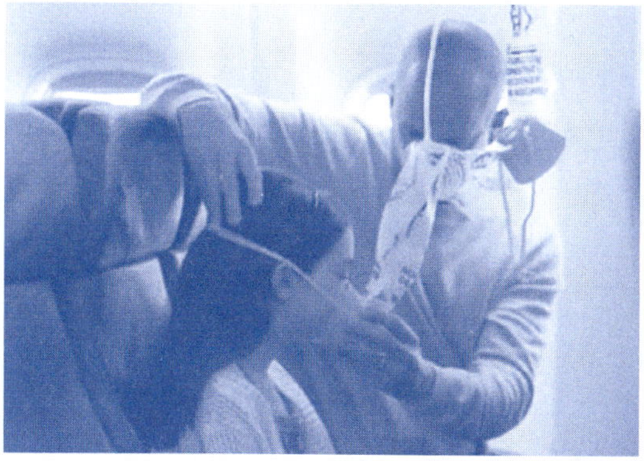

图 6-2 先带上自己的氧气面罩再帮助别人

（4）由于氧气的供应，应准备好灭火设备，防止意外明火引燃发生火灾。

（5）是否需要紧急着陆或撤离，取决于飞机的状况和机长的决定。

（6）整个释压过程及乘客和客舱情况要及时向机长通报。

三、案例分析

【案例 1】 舱门空中“漏风”

据海峡都市报 2007 年 12 月 22 日消息，某航空公司一架波音 747-400 型客机，12 月初从中国台北飞往美国洛杉矶。起飞 5 分钟后，一个舱门竟在 3 000 多米的高空松开，舱内不断响起“嗞嗞”的风切声，有乘客被吓得哭泣哀号，所幸机长紧急将飞机开往外海盘旋了 40 多分钟，泄了 6.3 吨燃油，折返机场平安降落，结束了 264 名乘客 60 分钟的“空中惊魂之旅”。

事后调查过程如下：当飞机飞到约 3 048 米，位于 46 排、47 排座位间的四号舱门门锁突然弹开，舱门未能紧闭，并传出阵阵“嗞嗞”声，乘客越听越心慌，交头接耳，有人吓得号啕大哭。一名机组人员将松开的门拉紧，另一名空姐要大家回到座位，随即通报机长。机长立刻请了另一位飞行员到后舱察看，并与地面联络后，决定返航降落重新检查机门。于是，飞机飞到外海上空放了 6.3 吨、总价约 50 万元的燃油，直到飞机重量符合安全的“最大落地重量”后，于 12 月 9 日凌晨 0:57 回到桃园机场降落。

该航空公司初判事故原因是卡榫易位造成释压，初步认定为“插销卡榫易位”，空服员确实关闭了舱门，但门上插销却没卡入正确位置，因此无法完全密合，当飞机在跑道上加速滚行准备起飞时，也许受到震动及机体结构受力的关系，舱门把被震歪 15 度，舱压与外部气压相互影响，而传出风切声。

【案例 2】 “九霄惊魂”

1988 年 4 月，阿罗哈航空某班机在飞行途中发生爆炸性失压，头等舱上部的外壳不翼而飞，机上共有 89 旅客、6 名机组成员。

调查原因：飞机在 24 000 英尺的高度正常飞行时，位于机身 L1 门后部约 5.5 米长的蒙皮被掀开，造成客舱爆炸式释压，客舱内产生了巨大的噪声，飞行机组与客舱乘务组只能通过手势联络。

飞机宣布紧急状态，13 分钟后，降落在夏威夷毛伊岛机场并实施了紧急撤离。一名乘务员失踪，其他少数旅客受到不同程度的伤害。

这是灾难片《九霄惊魂》的真实背景事件，阿罗哈航空某班机是一班定期航班，来往夏威夷的希洛岛和檀香山，使用的是波音 737-200 型客机。1988 年 4 月 28 日，飞机在飞行途中发生瞬间失压（Explosive Decompression），令飞机严重损毁，但最后飞机成功在茂宜岛的卡富鲁伊机场安全着陆。除 1 名机组人员被抛出机舱外，其余 65 名机组人员和乘客有不同程序的伤害。令人意外的是，这种损毁不但没有令客机解体，而且机上大多数人生还，因此被认为是史无前例的。

【案例 3】 “中国机长”

2018 年 5 月 14 日，川航 3U8633 航班在执行重庆—拉萨飞行任务中，驾驶舱右座前挡风玻璃破裂脱落，造成飞机在高空中爆炸性快速释压，副驾上半身直接被吸出飞机窗外悬挂，机组实施紧急下降。

客舱里乘务员正在进行饮料服务，突然出现严重颠簸，并且伴随氧气面罩脱落，飞机上突然失重，一名乘务员高高抛起并重重摔下。乘务长当机立断大声呼叫全部乘客带上氧气面罩，系好安全带。

面对突发状况，机长刘传健等全体机组成员沉着应对，克服高空低压、低温等恶劣环境，在多部门的密切配合下，成功备降成都双流机场，确保了机上 119 名乘客和 9 名机组成员的生命财产安全，最终只有 1 名飞行员与 1 名乘务员受伤。

此次事件被改编成电影《中国机长》，3U8633 机组面对突发威胁，临危不惧，合作默契，各自分工，最终圆满解决了危机，到降落的时候，无一人受伤。正是由于机组的冷静合作，挽救了 100 多条生命，也间接挽救了 100 多个家庭。这种精神非常让人钦佩、感动。中国民用航空局和四川省人民政府决定，授予川航 3U8633 航班“中国民航英雄机组”称号，授予机长刘传健“中国民航英雄机长”称号。

资料来源：新浪网。

四、实训任务

客舱释压演练与考核

1. 简述缓慢释压和快速释压的异同点。
2. 根据模拟舱实际情况，进行客舱释压的处置训练、流程。

（1）听到客舱释压驾驶舱口令、氧气面罩自动脱落；

（2）不同区域乘务员迅速就近固定自己并戴上就近的氧气面罩；

（3）大声呼喊口令指示乘客带上面罩；

（4）帮助需要帮助的乘客戴上面罩；

（5）告知禁止吸烟；

（6）达到安全高度后携带氧气瓶检查客舱有无破损及旅客伤亡情况；

（7）及时向机组报告。

五、在线测试题

客舱释压处置

六、考核评价表

表 6-3　快速释压考核评价表

班级：	小组编号：	姓名：
项　目	**内　容**	**得分**
快速释压处置（100 分）	迅速就近固定自己并戴上面罩，尽量固定餐车防止滑动（15 分）	
	2. 大声呼喊所有旅客系好安全带，戴上面罩（15 分）	
	3. 协助需要帮助的旅客戴上氧气面罩（5 分）	
	4. 告知旅客禁止吸烟（10 分）	
	5. 到达安全高度后指示乘客正确存放使用过的面罩（5 分）	
	6. 正确携带氧气瓶寻找并帮助需要吸氧的乘客使用（30 分） 备注：这里需要考核氧气瓶的正确使用方法。	
	7. 检查客舱情况并进行判断和处置（10 分）	
	8. 报告机长客舱破损情况、机组及乘客伤亡情况（10 分）	
总　分		评分老师： 日期：

表 6-4　缓慢释压考核评价表

班级：	小组编号：	姓名：

项　目	内　容	得分
缓慢释压处置（100 分）	1. 立即停止服务，将餐车退回厨房锁好，回乘务员座位坐好并系好安全带（15 分）	
	2. 大声要求所有旅客系好安全带，戴上面罩（15 分）	
	3. 协助需要帮助的旅客戴上氧气面罩（5 分）	
	4. 告知旅客禁止吸烟（10 分）	
	5. 到达安全高度后指示乘客正确存放使用过的面罩（5 分）	
	6. 正确携带氧气瓶寻找并帮助需要吸氧的乘客使用（30 分） 备注：这里需要考核氧气瓶的正确使用方法。	
	7. 检查客舱情况并进行判断和处置（10 分）	
	8. 报告机长客舱破损情况、机组及乘客伤亡情况（10 分）	
总　分		评分老师： 日期：

实训项目七　危险物品类型与处置

一、实训目标

通过本章节的学习，学生应掌握危险品航空运输的基本概念、适用的法律法规；明确危险品航空运输的限制条款，明确自己在危险品运输中所处的地位和应承担的责任；学会使用危险品表对危险品进行分类、识别、确定运输专用名称；熟知危险品的包装要求，能够正确识别危险品包装件的标记、贴标签或识别其标记标签的正确与否，识别隐含危险品；掌握旅客携带危险品的规定，掌握危险品事故应急处理程序。

二、实训内容

危险品定义与类别

（一）危险物品的定义

危险品是指在航空运输中，能对健康、安全、财产或环境构成威胁，国际航空运输协会《危险品规则》在 IATA 的危险品表中列明和根据此规则进行分类的物品或物质。航空运输危险品分为九大类，其中某些大类中根据危险性或危险程度不同细分成若干项。

航空危险品运输是航空运输的重要组成部分。IATA 根据民航从业人员的部门和岗位对危险品运输进行了分类，对危险品运输的知识有相应的要求和规定。作为乘务员，需要学习并掌握这些危险品的种类和运输方式，以及在客舱里发现危险品的处理方法，以确保在任何情况下都能以过硬的专业知识和技能提供给乘客一个安全的飞行环境。

（二）航空危险品运输的法律法规

（1）国际民用航空组织（ICAO）。

（2）《国际民用航空组织技术细则》（TI）。

（3）国际航空运输协会《危险品规则》（IATA　DGR）。

（4）《中国民用航空危险品运输管理规定》（CCAR-276）是依据《中华人民

共和国民用航空法》和《国务院对确需保留的行政审批项目设定行政许可的决定》制定的。

（5）中国民用航空局令第 216 号《中国民用航空危险品运输管理规定》（CCAR-276-R1）已经于 2012 年 12 月 24 日中国民用航空局局务会议通过，现予公布，自 2014 年 3 月 1 日起施行。

（三）危险品的分类

根据危险品所具有的不同危险性质（见图 7-1），危险品分为九类。

图 7-1　危险品分类

第一类：爆炸物品

1.1　具有整体爆炸危险的物质和物品。

1.2　具有喷射危险性的物质和物品。

1.3　具有起火危险性和轻微的爆炸危险性或轻微的喷射危险性或两者兼而有之的物质和物品。

1.4　无重大危险的爆炸物质和物品。

1.5　具有大规模爆炸性，但极不敏感的物品。

1.6　极度不敏感的物品及没有大规模爆炸性的物品。

第一类危险品如图 7-2 所示。

1.1、1.2 和 1.3 项 REX，RCX，RGX

1.4 项 RXB，RXC，RXD，RXE，RXG，RXS

1.5 项 REX

1.6 项 REX

图 7-2　第一类危险品

第二类：气体

2.1　易燃气体，或者任何压缩气体当与空气中的氧气以一定的比例混合后，能形成可燃性混合气体。例如：易燃的混合物的压缩气体（丁烷、氢、丙烷、乙炔、打火机）。

2.2　非易燃无毒气体，包括所有既不属于 2.1 项又不属于 2.3 项的压缩气体。例如：二氧化碳、氖气、灭火器、低温液化气体（液氮或液氦）。

2.3　毒性气体，即对人体有毒害和腐蚀作用的气体和已知对人体健康有威胁的气体。大多数毒性气体是禁止空运的，只有个别例外。例如：低毒的气溶胶、催泪装置。

第二类危险品如图 7-3 所示。

2.1　易燃气体 RFG

2.2　非易燃无毒气体 RNG，RCL

2.3　毒性气体 RPG

图 7-3　第二类危险品

第三类：液体

易燃液体在闭杯闪点试验中温度低于或等于 60 °C 的液体。例如：某些涂料、清漆、酒精、黏合剂、丙酮、汽油等。

第三类危险品如图 7-4 所示。

第四类：易燃固体、自燃物质、遇水放出可燃气体的物质

4.1 任一种固体物质是随时可燃烧的，或通过摩擦可引起或有助于燃烧。例如：火柴、硫黄、明胶、硝基。

4.2 物质可能自我发热，或因为与空气接触而发热从而可能引起燃烧。例如：白色或黄色磷、镁。

3 项 易燃液体 RFL

图 7-4 第三类危险品

4.3 物质遇水或受潮时，发生剧烈化学反应，释放大量易燃气体和热量物品。有些不需明火，即能燃烧或爆炸。例如：钙碳化物、钠。

第四类危险品如图 7-5 所示。

4.1 易燃固体 RFS

4.2 自燃物质 RSC

4.3 遇水放出易燃气体的物质 RFW

图 7-5 第四类危险品

第五类：氧化物和过氧化物

5.1 物质处于高氧化态，具有强氧化性，易分解并放出氧和热量。

5.2 物质分子组成中含有过氧基的有机物，其本身易燃易爆，极易分解，对热、震动或摩擦极为敏感。

第五类危险品如图 7-6 所示。

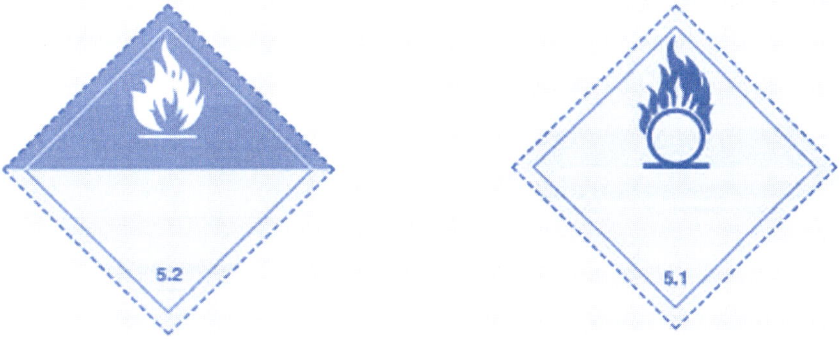

5.1 氧化剂 ROX　　　　5.2 有机过氧化物 ROP

图 7-6　第五类危险品

第六类：毒性物质和传染性物质

6.1　毒性物质，即液体或固体经由皮肤进入身体后，累积一定的分量，能与体液和组织发生生物化学作用或生物物理学变化，扰乱或破坏身体的正态，甚至危及生命。例如：砷、尼古丁、氰化物、农药、马钱子碱、杀虫剂。

6.2　传染性物质，即物质含有致病的微生物，能引走病态，引致死亡。例如：HIV（艾滋病）、狂犬病、某些诊疗样品及临床与医疗废弃物。

第六类危险品如图 7-7 所示。

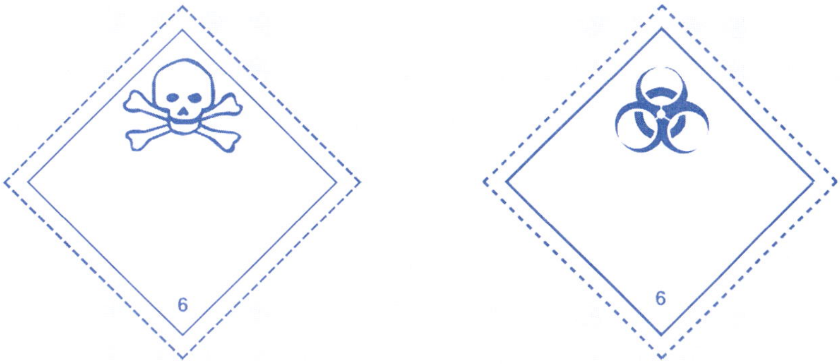

6.1 毒性物质 RPB　　　　6.2 传染性物质 RIS

图 7-7　第六类危险品

第七类：放射性物品

放射性物品根据放射性分为Ⅰ级、Ⅱ级、Ⅲ级别和临界安全指数标签，医疗或工业中使用的放射性核素或同位素。例如：钴-60、铯-131、碘-132、铱-192。

第七类危险品如图 7-8 所示。

Ⅰ级放射性物质 RRW

Ⅱ级放射性物质 RRY

Ⅲ级放射性物质 RRY

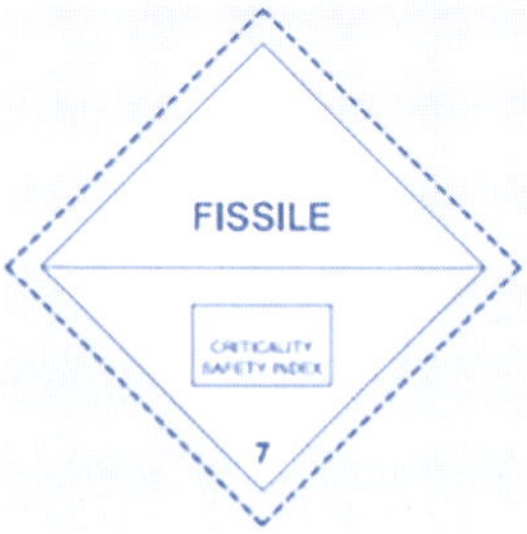

临界安全指数标签 Criticality Safety Index Label

图 7-8　第七类危险品

第八类：腐蚀性物品

腐蚀性物品，即固体或液体物质能严重损伤与之接触的生物组织或其他货物。例如：蓄电池电解液、硫酸、汞、氢氧化钾、氢氧化钠。

第八类危险品如图 7-9 所示。

8 类　腐蚀性物质　RCM

图 7-9　第八类危险品

第九类：其他杂项危险物品

任何物质在运输途中，呈现其他类危险货品所未涵盖之危险。此类物质还包括航空运输中，可能会产生麻醉性、刺激性或其他性质而使旅客感到烦恼或不舒适的物品。例如：汽车、摩托车可能包含或残留燃油、机油等易燃液体，以及安全气囊等爆炸装置；手机、充电宝、电动工具、电动轮椅含锂离子电池；香水、榴莲、大蒜汁能产生刺激性、令人不适的气味；音响、舞台演出设备具有强磁场；干冰极易挥发。

第九类危险品如图 7-10 所示。

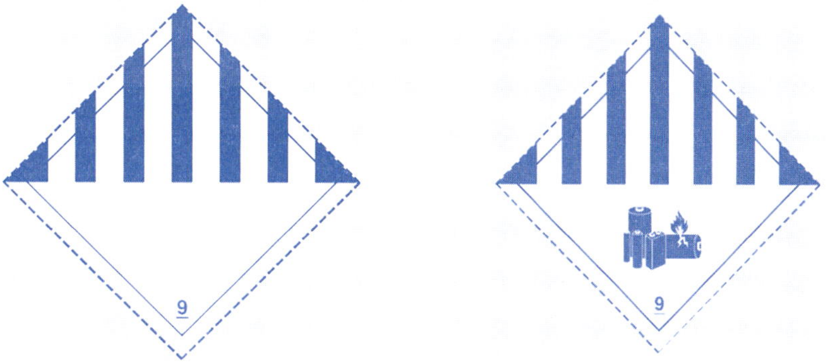

9 类　杂项危险物品 RMD　　　9 类　含“锂电池”的危险品

图 7-10　第九类危险品

（四）危险物品包装标签的识别

1．危险性标签识别

对危险性标签（正方形倾斜 45 度角），所有类别中的大多数危险品都需要粘贴此类标签。危险性标签分为上、下两部分，标签的上半部用于标示图形符号，下半部用于标示适用的类、项及配装组，如第一类爆炸品要注明配装组字母，还可以有文字说明危险性质，文字应使用英文，除非始发国要求使用其他文字，在这种情况下应该标有英语译文。但除了第七类放射性物质，这些文字的显示不是必需的，除非由于国家或运营人差异而要求必须使用文字。危险性标签如图 7-11 所示。

图 7-11　危险性标签

2．操作标签识别

操作标签与危险品不一样，通常是矩形的。某些危险品需粘贴此种标签，有些可以单独使用（例如：磁性物质 MAG、放射性物质例外包装件 RRE、电池驱动轮椅和辅助移动设备标签），有些要同危险性标签同时使用（例如：仅限货机 CAO、深冷液化气体 RCL、远离热源标签）。操作标签如表 7-1 所示。

表 7-1　操作标签识别

 仅限货机	Cargo Aircraft Only 仅限货机的货物不可以装到客机上	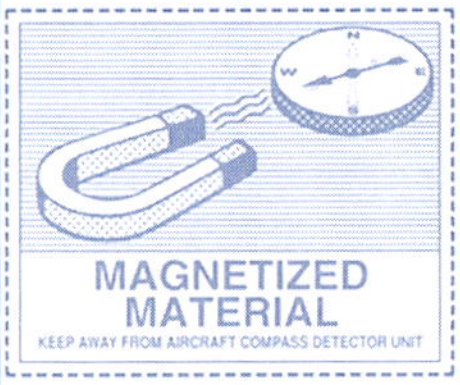 磁性物质	Magnetized Material 远离飞机的导航设备
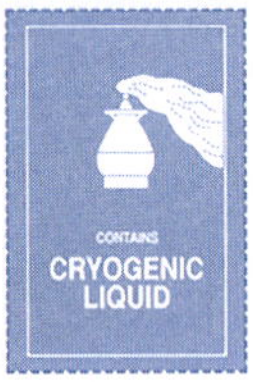 深冷液化气体（低温气体）	Cryogenic Liquid 此标签必须与非易燃无毒气体标签一起使用，用于内装深冷液化气体的包装件或合成包装	 远离热源	Keep away from Heat 避免阳光直射，远离热源，放置阴凉通风处
 包装方向性标签	Package Orientation 包装方向性标签，贴有这个标签的包装件必须保持直立，并固定牢固，防止危险物品泄漏	 锂电池标记	Lithium Battery Label 适用于锂离子电池或锂金属电池
 放射性物质例外包装件	Radioactive Material-Excepted Package 此标签用于放射性物质的例外包装件	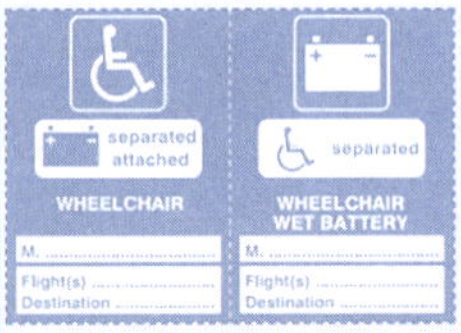 电池驱动轮椅/辅助移动设备	Battery-Powered Wheelchair/Mobility Aid Label 用于识别轮椅电池是否已拆卸

3．其他标记（见图 7-12）

有限数量包装标记

例外数量包装标记

危害环境物质标记

图 7-12 其他标记

每一个装载危险品的集装器都必须在外表面挂有表示内装危险品的挂牌。含有危险品的集装器挂牌如图 7-13 所示。

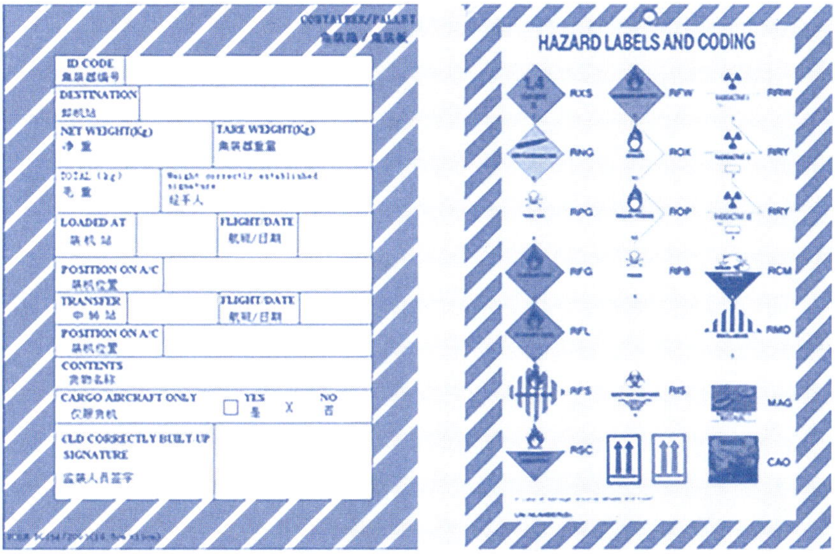

图 7-13 含有危险品的集装器挂牌

危险物品可划分为三个包装等级，主要包括较大危险性、中等危险性、较小危险性，具体如表 7-2 所示。

表 7-2 危险物品的包装等级

包装等级	危险性		危险品包装/标记
Packing Group Ⅰ	High Danger	较大危险性	
Packing Group Ⅱ	Medium Danger	中等危险性	
Packing Group Ⅲ	Low Danger	较小危险性	

4．常见的隐含危险品的识别

请认真思考表 7-3 中的常见的隐含危险品具有哪些隐藏的危险性。

表 7-3　常见隐含危险品

1. 野营用具	10. 疫苗
2. 潜水设备	11. 电气设备/电子设备
3. 呼吸器	12. 摄影器材/设备
4. 探险设备	13. 体育运动用品/体育团队设备
5. 冷冻水果、蔬菜等	14. 冷冻胚胎
6. 家用物品	15. 诊断标本
7. 旅客行李	16. 低温物质（液体）
8. 药品	17. 电池供电的装置/设备
9. 维修工具	18. 化学品

（五）机上卫生防疫包的使用

1．卫生防疫包（见图 7-14）

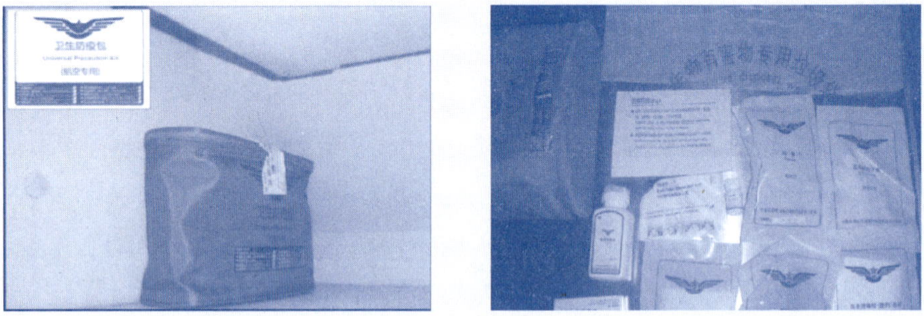

图 7-14　卫生防疫包

（1）每架飞机在载客飞行中所配卫生防疫包的数量不得少于每 100 个旅客座位 1 个（即 100 座以内配 1 个）。

（2）每个卫生防疫包应当能够防尘、防潮。

（3）每个卫生防疫包应当配备以下药品和物品（见表 7-4）。

表 7-4　卫生防疫包配备药品和物品

药品/物品	数　量	药品/物品	数　量
液体、排泄物消毒凝固剂	1 瓶	大块吸水纸（毛）巾	2 块
表面清理消毒杀菌剂	1 瓶	便携拾物铲	1 把
皮肤擦拭纸巾	10 块	口罩/眼罩	各 1 付
医用橡胶手套	2 付	生物有害物专用垃圾袋	1 个
防渗透橡胶（塑料）围裙	1 条	物品清单和使用说明书	1 份

2．卫生防疫包的使用步骤

（1）穿戴个人防护用品。一次性穿戴医用口罩、眼罩、医用橡胶手套、防渗透围裙。

（2）配制消毒液。取 1 片表面清理消毒片放入 250～500 毫升清水中，配置成 1∶500～1∶100 浓度的消毒液，用于对污染物的座舱内物品表面和地面进行初步消毒。

（3）将消毒凝固剂均匀覆盖于液体、排泄物等污物 3～5 分钟，使其凝胶固化。

（4）使用便携拾物铲将凝胶固化的污物铲入生物有害物专用垃圾袋中。

（5）用配好的消毒液浸泡的吸水纸（毛）巾对污物污染的物品和区域消毒 2 次，保证每次消毒液在表面滞留 5 分钟，再用清水擦拭清洗 2 次，最后将使用后的吸水纸（毛）巾及其他使用过的消毒用品放入生物有害物专用垃圾袋。

（6）依次脱掉手套、围裙，用皮肤消毒擦拭纸巾擦手消毒，再依次脱下眼罩、口罩，最后用皮肤消毒擦拭纸巾擦拭身体其他可能接触到污物的部位。

（7）将所有使用后的防护用品装入生物有害物专用垃圾袋后，将垃圾袋封闭，填写“生物有害垃圾标签”，粘贴在垃圾袋封口处。

（8）已封闭的生物有害专用垃圾袋暂时存放于适当位置，避免丢失、破损或对机上餐食造成污染。

（9）通知目的地的地面相关部门做好接收准备。

（10）生物有害物垃圾袋按照医疗垃圾管理原则处置，负责接收的地面相关部门事先与医疗废物的专业机构签订协议，确保生物有害垃圾及时送相关机构进行无害化处理。

（六）飞行中客舱内发生危险物品事故应急处置

1．处理机上危险品的原则

（1）始终应该考虑尽快着陆。

（2）接触危险物品时应该戴好橡胶手套或者塑料手套以及防烟面罩。

（3）渗漏的危险物品发生反应时，可用塑料袋盖好，不要用布去擦，避免伤及皮肤。

（4）处理过程中，出现火情，也不要关闭通风孔，否则旅客会因缺氧和毒气窒息，不应为了灭火而减小通风率。

（5）判断不应使用水的情况。

（6）处理完毕后要清洗双手。

2．机上危险品处置流程

机上危险品处置流程如图 7-15 所示。

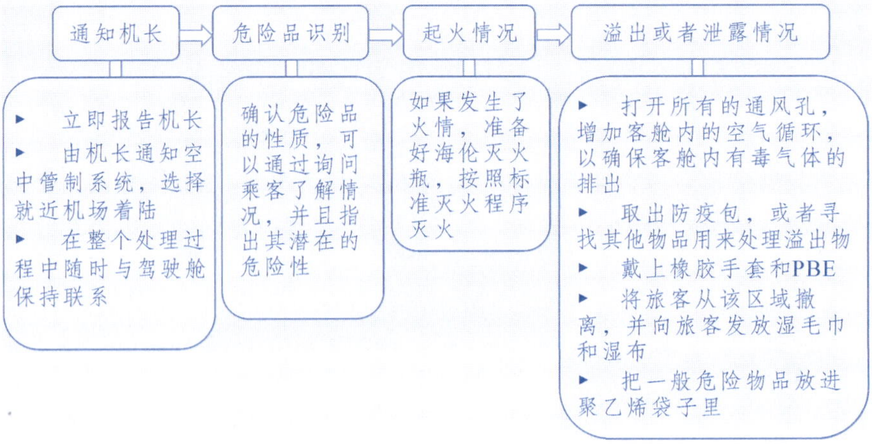

图 7-15　机上危险品处置流程图

其他用来处理溢出物或泄露物的物品有：纸巾、报纸、其他吸水性强的纸张或者织物（例如：座椅套垫、枕套、毛毯）；烤箱手套或者防火手套；至少 2 个大的聚乙烯袋子；至少 3 个小一些的聚乙烯袋子（例如：垃圾袋、塑料袋等）。

如果做出移动危险物品的决定，在移动危险物品时，应当按下列建议去做：

（1）准备 2 个周边卷起的袋子，并且把它们放在地板上。

（2）将物品放在第一个袋子里，物品封盖或容器泄漏的部位向上。

脱手套的方法

（3）脱掉橡胶手套，将手套放进第二个袋子里，避免皮肤被污染。

（4）将袋子里多余的空气排尽后，把第一个袋子开口的一端绕上，并用袋子捆扎带将袋子扎紧，但不要扎得太紧，以使袋子的内外压力均衡。

（5）将第一个袋子放进已装有橡皮手套的第二个袋子里，并且以同样的方式将袋子扎紧。

（6）将袋子移至对飞机最小伤害部位——后舱右侧机舱门处（LRBL）[①]，并进行固定。如果使用厕所，可以将箱子或袋子放在地板上或空的垃圾箱内，并从外部将该厕所的门锁上。

（7）在移动袋子的过程中，要保证装有危险物品的容器始终直立或容器泄漏的部位朝上。

（8）检查有无受到污染的其他客舱设备，作同样处理。

（9）将地毯/地板上的溢出物选用合适的材料盖住（呕吐袋撕开的塑料面、安全须知卡等）

（10）记录危险物品的处理经过和发现时间，以备地面人员查询，做好着陆后的应急撤离准备。

① LRBL：Least Risk Bomb Location，最低风险爆炸区。

三、案例分析

【案例 1】 飞机冒出“毒气”

2004 年 5 月，某航空公司的一架飞机运载近 2 吨的异氰酸苯酯（危险品）由宁波飞至香港。该批货物在香港卸机时发现泄漏，冒出有毒气体，导致 6 名工作人员受伤。经查，该批货物随附一份伪造的危险品鉴定报告，报告表明该化学品没有危险性，并且符合国际航空运输协会《危险品规则》的相关规定，导致该批危险品逃避监管，运上了飞机，隐藏巨大的安全隐患。

【案例 2】 “氧气发生器”爆炸

1996 年 5 月 11 日，美国某航空公司一架从 MIA 飞往 ATL 的 DC9 客机，起飞 10 分钟后坠毁，105 名乘客和 5 名机组人员全部遇难。经调查，事故发生原因是货舱内有 119 个隐瞒申报的危险品“氧气发生器”，该“氧气发生器”放置不当，起飞后由于震动而升温爆炸并引起火灾。2000 年 8 月，美国联邦法官做出判决，要求 Sabre 科技维修公司（托运人）对此事故赔偿 1 100 万美元。

【案例 3】 飞机上自燃的危险品

2011 年 5 月 25 日，北京飞往上海的某航班在飞行途中遭遇了一场火警，旅客放置在行李箱中的摄像机电池发生自燃，所幸机组人员进行了有效的空中灭火。经调查，事故原因为旅客违反规定，未经航空公司同意携带额定能量超过 100 W·h 锂电池登机（经核实，此锂电池额定能量为 130 W·h）。旅客未对含锂电池设备进行妥善包装，未做好防短路及设备防意外启动措施。

四、实训任务

（一）危险品/危险品包装的识别

1．任务目标

（1）了解危险品航空运输的基本概念、适用的法律法规。

（2）明确危险品航空运输的限制条款，明确自己在危险品运输中所处的地位和应承担的责任。

（3）学会使用危险品表对危险品进行分类、识别、确定运输专用名称。

（4）识别隐含危险品。

（5）掌握旅客携带危险品的规定。

2．任务准备

（1）图片准备：准备九种危险品标识的图片和危险品操作标签的图片。

（2）常见危险品实物的准备：比如炮仗、摩丝/发胶、胶水、打火机、空气清醒剂/杀虫剂、易燃物品（煤油、汽酒、酒精）、腐蚀物品（香蕉水、硫酸等）、雷管导火索等。

3．操作步骤

（1）随机抽签，抽出 3 个问题按照抽到的问题做出回答。

（2）在客舱内找出 4 个常见的危险品并移除客舱，做出解释说明。

（3）给出 3 种液体，通过嗅觉判定是什么液体。

4．训练要点

（1）通过查看危险品标示、包装来确定危险品的种类，并判定是否允许承运。

（2）掌握危险品的分类，认识并能识别危险物品外包装的危险性标签与操作标签。

（二）机上危险品处置

1．任务布置

以处置小组为单位模拟在飞机上找到疑似危险品，根据标准操作流程进行正确的处理。

2．操作步骤

（1）发现：首先报告乘务长、通知机长，组成危险品处置小组、识别危险品。

（2）判断：观察是否起火；观察是否溢出或泄露。

（3）实施处置程序：根据是否起火与是否泄漏，按照标准操作流程进行处置。

（4）处置完毕：记录危险物品的处理经过和发现时间，填写机上重大事件报告单等相关单据；做好着陆后的应急撤离准备。

3．训练要点

（1）准确判断危险品的种类、选择正确的处置程序。

（2）熟悉一般紧急情况的处理程序。

五、在线测试题

危险物品类型与处置

六、考核评价表

表 7-5　危险品识别考核评价表

班级：			姓名：	
考评内容	标准分数 100 分	序号	得分标准	得分
危险品的分类与识别	30	1	描述抽取的危险品品名和危险性（10 分）	
		2	描述抽取的危险品品名和危险性（10 分）	
		3	描述抽取的危险品品名和危险性（10 分）	
隐含性危险品的识别	40	4	找出常见危险品，并做出解释说明（10 分）	
		5	找出常见危险品，并做出解释说明（10 分）	
		6	找出常见危险品，并做出解释说明（10 分）	
		7	找出常见危险品，并做出解释说明（10 分）	
液体危险品的识别	30	8	通过嗅觉，推断出液体的名称，并做出解释说明（10 分）	
		9	通过嗅觉，推断出液体的名称，并做出解释说明（10 分）	
		10	通过嗅觉，推断出液体的名称，并做出解释说明（10 分）	
得分：			评分老师： 考核日期：	

表 7-6　危险品处置考核评价表

班级：	小组编号：	姓名：

项　目	内　容	得分
危险品处置（100 分）	1. 发现危险品时及时报告机长（5 分）	
	2. 组成危险品处置小组、识别危险品（5 分）	
	3. 失火时的处置程序（10 分）	
	4. 发生渗漏时的处置程序（10 分）	
	5. 让旅客离开危险区域（5 分）	
	6. 如有需要分发湿毛巾（5 分）	
	7. 戴上手套和防烟面罩（10 分）	
	8. 把危险物品放进塑料袋（5 分）	
	9. 收藏塑料袋（5 分）	
	10. 处置被渗漏污染了的物品（5 分）	
	11. 盖住地板和地毯上的渗漏物（5 分）	
	12. 检查收藏危险物品和被污染的固定设备（5 分）	
	13. 做好落地的应急撤离准备（10 分）	
	14. 安全着陆之后，向地面人员说明危险品种类和位置（10 分）	
	15. 填写机上重大事件报告单和相关单据（5 分）	
得　分		评分老师： 考核日期：

实训项目八　机上非法干扰处置

一、实训目标

通过本章节的学习，学生应了解非法干扰行为的含义，熟悉非法干扰行为的形成过程，掌握非法干扰行为的预防内容；对机上非法干扰行为处置重点案例进行深入分析，剖析非法干扰行为对飞行和旅客人身安全可能造成的危害，从而为此类事件的处置与应对提供专业知识指导。

二、实训内容

（一）机上非法干扰行为的定义与类别

非法干扰行为是指违反有关航空安全规定，危害或足以危害民用航空器飞行安全或秩序，危及旅客、机组人员生命和财产安全的行为，即危害民用航空安全的非法干扰行为。它是一个专门指称危害民用航空安全行为的专用名词。

机上非法干扰行为总体上分为三大类。第一类称为严重的非法干扰行为，包括：根据《东京公约》《海牙公约》《蒙特利尔公约》《蒙特利尔议定书》的规定，触犯刑律的犯罪行为（恐怖主义罪行），以暴力、胁迫或者其他方法实施或企图实施劫持、爆炸航空器，袭击、爆炸机场等严重的非法干扰行为。如劫机分子携带匕首、枪支、炸药、雷管、引爆装置等对旅客和机组人员（包括驾驶员、副驾驶员、领航员、报务员、机械员、通信员、乘务长、乘务员）进行捆绑、殴打、杀死、伤、爆炸等。

随着航空事业的发展，劫持航空器的犯罪时有发生，已严重危及航空安全。我国于 1978 年加入了《东京公约》，尔后又于 1980 年加入了《海牙公约》和《蒙特利尔公约》。1992 年 12 月 28 日，全国人大常委会专门通过了《关于惩治劫持航空器犯罪分子的决定》，该决定是严厉打击劫持航空器的犯罪分子，保护旅客人身、财产以及航空器的安全，维护正常的民用航空秩序，促进我国民航事业发展的一项重要法律。

第二类称为一般性非法干扰行为，是指可能危及飞行安全的行为，包括以下九种：①当面威胁或电话威胁劫炸机；②未经许可进入驾驶舱、企图打开驾驶舱门；③违反规定不听机组劝阻；④在客舱洗手间内吸烟；⑤殴打机组或威胁伤害他人；⑥谎报险情、危及飞行安全；⑦未经允许使用电子设备；⑧偷盗或者故意损坏救生设备；⑨违反规定开启机上应急救援设备等。

第三类是指扰乱秩序的行为，包括以下七种：①寻衅滋事、殴打乘客；②酗酒滋事；③性骚扰；④破坏公共秩序；⑤偷盗机上物品、设备；⑥在禁烟区吸烟；⑦冲击机场、强行登占航空器等。

（二）机上非法干扰的处置原则

乘客纵火处置示范

机上非法干扰的处置原则有：

（1）确保人，机安全，争取飞行正常；

（2）确定性质，区别处置；

（3）及时控制事态，防止矛盾激化；

（4）教育与处罚相结合；

（5）机上控制，机下处理。

对非法干扰活动及行为应做出评估，确定其性质和可能导致的结果。根据非法干扰活动及行为的严重性，制定约束机制以及其他法律措施，使非法干扰活动所造成的损失依据有关法规及时采取说服、制止、警告、强制约束以及其他法律措施；使非法干扰活动造成的损失减少到最低；在空中要注意不使事态扩大化。

对于一时无法控制的非法干扰活动及行为，应及时向有关部门报告情况，接受上级有关部门对非法干扰的指示和要求。根据民用航空运输的流动性特点，在非法干扰处置活动及行为发生时，要注意收集相关证据，以备必要时追究当事人的法律责任。

（三）机上非法干扰行为的处置流程

1. 机上职责分工

机长对机上发生的非法干扰事件处置负全责。航空安全员在机长的领导下，具体负责落实机长的指令，在紧急情况下，航空安全员为了保证航空器及其所载人员生命财产安全，有权采取必要措施先行处置后报告机长。

在飞行中，对非法干扰航空安全的行为，航空安全员（乘务员）应及时将情况报告机长，机长可视情节予以劝阻、警告，并决定对行为人采取管束措施、中途令其下机等必要措施。航空器在飞行中遇到特殊情况时，机长对航空器有最后处置权。

需要移交地面处理的，还要及时收集证据。

收集证据的要求：

（1）取证对象。

事件当事人：非法干扰行为人及权益受侵害人。

证人：事件知情人，主要含机场工作人员、航空公司工作人员、乘机旅客。

证人亲笔证词 testimony

时间 Time__________年（y）________月（m）________日（d）________时（h）

证人姓名 Name____

联系电话 Telephone or Mobile Number____________________________________

工作单位/住址 Organization or Residential Address

____

旅行证件种类及号码 Id No.or Passport No.__________________________________

航班号 Flight No.______________________ 座位号 Seat No.___________________

请您如实地写下您的所见所闻，有意作伪证或者隐匿罪证要负法律责任。

Please provide evidence and give testimony truthfully, legal responsibility shall be incurred for intentionally giving false testimony or concealing criminal evidence.

____

____

____

____

____

____

____

____

____

____

签名 Signature____________________ 日期 Date____________________________

（2）证据种类。

当事人陈述：当事人身份基本情况、座位号、联系方法、事件经过。

证人证言：证人身份基本情况、事件经过情况、证人在事件过中所处具体位置、联系方法。

其他证据：书证、物证、视听材料、鉴定结论、勘验笔录、现场笔录。

2. 信息传递与报告

遇有非法干扰事件，机场公安、安检、指挥中心、空管及航空公司保卫、航班机组等相关单位必须迅速准确地报告或通报事件情况，并根据事态发展随时续报。

非法干扰事件信息初步报告的内容：事件性质、信息来源、发生的时间、地点、机型、航班号、飞机号、始发地、目的地、准备降落地、机上旅客及机组人数、是否有重要旅客、所采取的措施等。

凡发生非法干扰事件的机场和航空公司的公安、保卫部门在向上级公安机关报告事件情况的同时，要按时填报《非法干扰事件情况报告表》和《非法干扰事件月报表》。严重非法干扰事件的信息应直接向民航局公安局报告。典型或重大的非法干扰事件在处置结束后应及时写出专题报告，逐级上报。如图 8-1 ~ 图 8-2 所示。

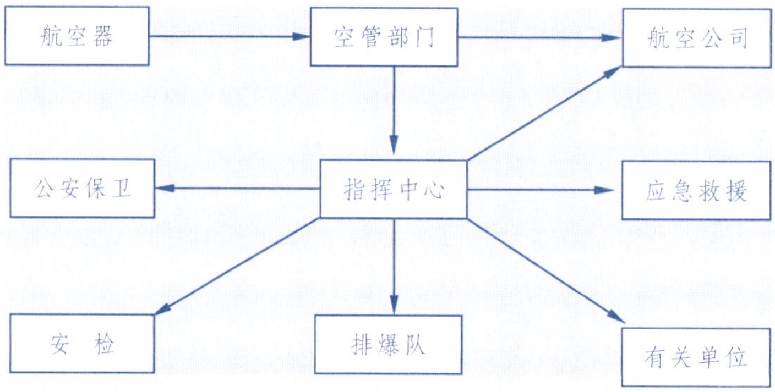

图 8-1　严重非法干扰行为信息传递程序

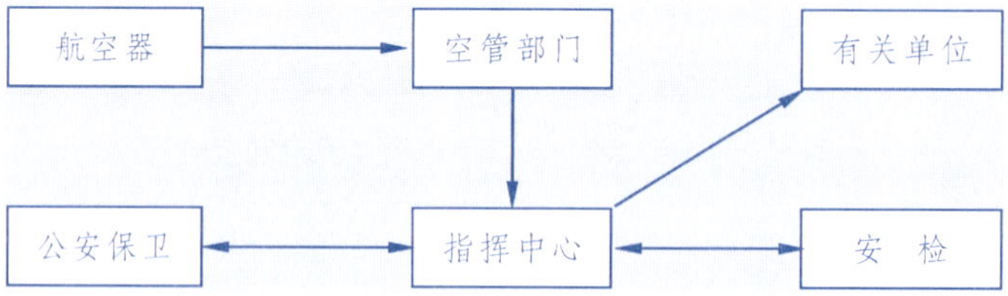

图 8-2　一般非法干扰行为和扰乱性旅客行为信息传递程序

三、案例分析

【案例 1】　机上打架斗殴

2014 年 4 月 16 日，凌晨 1 点半左右，某航空公司从曼谷飞往北京的航班上，三名乘客发生言语冲突，进而用飞机上用餐的刀叉打了起来。据目击者称，这三名乘客中有人受伤流血。航空公司并未对此事进行回应，警方对此事正在进一步调查中。

目击者陆先生告诉北京青年报记者，4 月 16 日凌晨 1 点左右，飞机大概起飞了半个小时，三名乘客突然发生争吵，“三个人都是男性，看年龄大概都在 30 多岁，从他们争吵的内容来看，两名乘客想要睡觉，另一名乘客要吃饭，这两名乘客嫌这名吃饭的乘客声音吵，双方便发生了言语冲突”。

陆先生称，双方争吵得很激烈，进而发生肢体冲突，在冲突的过程中，一名乘客用飞机上用餐的刀叉和对方打了起来，“有人受伤流血了”。冲突发生之后，空乘人员很快赶来制止，这场冲突才得以平息。陆先生称，飞机降落在首都机场之后，这三名乘客和部分乘客及空乘人员一起被带到了机场派出所做笔录。

【案例 2】　一杯热水引发的返航

2014 年 12 月 11 日，从曼谷飞往南京的某航班上发生了乘客与空乘冲突事件。一名女乘客将热水泼到了一位空乘人员身上，随行的男乘客声称“我连你飞机都炸掉”。这次冲突导致飞机返航，四名相关乘客被泰国警方带走。

一名男性乘客因向空姐要开水而遭到拒绝，就将果壳、食物等倒在飞机过道上，然后乱踩。周围乘客劝阻，但该男子反而骂得越来越厉害。一名空姐送来开水，同时告知该乘客，廉价航空一般只提供矿泉水和面包，送来的开水需要支付 60 泰铢，如果需要找零的话，只能找给他泰铢。该男子付费后，坚持要空姐找人民币零钱并索要发票，同时要求机长道歉。当空姐离开时，坐在男子身边的女乘客突然将一整杯热水泼在了空姐身上，附近的个别乘客的身上也被溅上了水。机上乘务长要求女乘客道歉，并表示如果不道歉，飞机可能会返航。该女乘客拒绝向空乘人员道歉。一直吵闹的男乘客可能意识到了事态的严重性，坐到了座位上，并与涉事女乘客商量。涉事女乘客突然站起来，像发疯一样地往后面座位爬，并用手敲击窗户，想要跳飞机。涉事女乘客被周围乘客拉回到了座位上。此后，这名女乘客躺在座位上一动不动，称身体不适。这时，男乘客扬言炸飞机。

四、实训任务

表 8-1　机上非法干扰案例模拟与情景处置

任务讲解： 为了使模拟实训贴近实战、达到实训目的，实训采取设置情景、问答题、提示回答要点等方式进行，即由实训教师根据情景事件提出问题，分别请参训人员进行回答。演练过程中主持人可随机提问，答题人采取口头回答的方式，较复杂的问题可进行简短协商后回答。
案例模拟： 2017 年 1 月 26 日，成都至北京的航班，机型为空客 A320，机上配有两名航空安全员，制服、便装各一名。航班时刻 10:00—12:45，准点起飞。飞机进入平飞阶段后，第 13 排 C 座的一名女性旅客使用客舱后部右侧洗手间，乘务员在随后进行的例行清洁时发现，洗手间内有浓烈汽油味，于是立即向航空安全员报告。
第一轮问题 **问题 1：**携带汽油登机的行为属于非法干扰行为还是扰乱行为？为什么？ **问题 2：**根据《中华人民共和国治安管理处罚法》和《中华人民共和国刑法》，该名旅客的行为可能触犯了哪些法律规定？应该承担哪些法律后果？ **问题 3：**如果涉事旅客声称属于不小心带上飞机，而且量也不大，能否免除其法律责任？为什么？ **问题 4：**针对客舱洗手间发现危险品的情形，我国民航局公安局所规定的基本处置程序是什么？ **问题 5：**我国民航局公安局规定的处置机上发现危险品的工作重点有哪些？
第二轮问题 **问题 1：**此时，航空安全员应该如何进行情势评估？ **问题 2：**根据情势评估的结果，航空安全员应该如何处置？ **问题 3：**航空安全员能否对该旅客进行人身及行李安全检查，民航局对于航空安全员实施安全检查的基本规定是什么？ **问题 4：**若是在处置非法干扰行为的场合，航空安全员对行李进行安全检查的程序性要求是什么？ **问题 5：**假设航空安全员已确证该旅客属于携带了危险物品乘机，但该旅客认为，其包裹内有女性私人物品，拒绝接受检查，而且其情绪比较激动，就该事件应如何与其进行沟通？请使用标准规范用语进行模拟。
案情突发变化： 航空安全员在与该女性旅客交涉时，一名青年男性突然冲过来，并声称是该名女性旅客的兄长，要求航空安全员停止处置行为，情绪非常激动。
第三轮问题 **问题 1：**此时，航空安全员应该如何进行情势评估？根据情势评估的结果，航空安全员应该如何处置？ **问题 2：**此时，航空安全员应该如何与这名男性青年进行沟通？请使用标准规范用语进行模拟。 **问题 3：**假设该男性青年对航空安全员的处置表示不满，要求和机长面谈协商解决，航空安全员应如何回应？依据是什么？ **问题 4：**在沟通中，该男性由于多次被拒绝，情绪变得十分激动，意图冲击并强行打开洗手间门，航空安全员应如何处置？ **问题 5：**被制止后，该名青年男子开始对航空安全员进行身体攻击，并伴随高声辱骂等行为，此时航空安全员可以采取哪些处置措施？有什么要求？

续表

案情再次突发变化： 在航空安全员制止该男子过程中，女性犯罪嫌疑人突然打开包裹，拿出了一个易拉罐，并点火后扔向后舱服务间。
第四轮问题 **问题 1：**根据我国法律规定，该名女性实施的行为属于什么行为？为什么？ **问题 2：**作为航空安全员，此时应启动什么预案？处置的基本要点有哪些？ **问题 3：**在该起突发的燃烧事件的处置过程中，航空安全员可以采取何种武力手段对女性乘客进行处置？ **问题 4：**如果航空安全员在处置过程中，导致女性嫌疑人死亡，航空公司和航空安全员是否应承担法律责任？为什么？应采取何种武力手段对该女性旅客进行处置？为什么？ **问题 5：**机长决定就近降落，降落前犯罪嫌疑人均已被制服，机组需要向地面公安人员移交犯罪嫌疑人和相关证据，本案中，应该收集和移交的证据包括哪些内容？
1. 小组分工安排： 2. 作答记录：

表 8-2 机上非法干扰报告表及移交单填写

案情背景：

2017 年 1 月 26 日，成都至北京的航班，机型为空客 A320，机上配有两名航空安全员，制服、便装各一名。航班时刻 14:30—17:45，准点起飞。飞机进入平飞阶段后，第 13 排 C 座的一名女性旅客使用客舱后部右侧洗手间，乘务员在随后进行的例行清洁时发现，洗手间内有浓烈汽油味，于是立即向航空安全员报告。

航空安全员在与该女性旅客交涉时，一名青年男性突然冲过来，并声称是该名女性旅客的兄长，要求航空安全员停止处置行为，情绪非常激动。

在航空安全员制止该男子过程中，女性犯罪嫌疑人突然打开包裹，拿出了一个易拉罐，并点火后扔向后舱服务间。

填写要求：

1. 移交单由运输航空公司采用复写纸印制，一式两联，第一联由我们交机场公安机关，第二联由我们交航空公司留存。

2. 移交单右上角有编号，共 10 位，前两位“※※”为航空公司航班代码，例如国航是“CA”、东航“MU”、南航是“CZ”、川航是“3U”；后 8 位是阿拉伯数字，由各运输航空公司自行编排。

3. 当事人就是我们的处理对象。如果为多人，移交单中当事人一栏不够填写时，应当在简要情况中注明其他当事人的基本情况。

4. 事件发生后，需找两名旅客作为见证人并记录信息。

5. 简要情况填写中应至少包含以下内容：

（1）案（事）件在飞机起飞多长时间后发生的？是如何发生的？是谁第一个发现的？是如何发现的？案（事）件是如何发展的？是如何被控制（结束）的？案（事）件一共持续多长时间？事件发生的时间、地点、航班号。

（2）当事人的相貌身高特点，衣着情况，言论举止，所携带的随身行李，所接触过的人员和物品，持有身份证和登机牌情况，当事旅客的基本信息（座位号，姓名、性别）。

（3）案（事）件发生的原因、经过。

（4）当事人所使用的武器、危险品数量。

五、在线测试题

机上非法干扰处置

六、考核评价表

表 8-3　非法干扰案例模拟处置考核评价表

班级：		小组编号：		姓名：
处置步骤	完成情况			
	答题要点（5分）	分析理由（5分）	处置程序正确（10分）	突发应变能力（5分）
第一轮问题				
第二轮问题				
第三轮问题				
第四轮问题				
总　分				评分老师： 考核日期：

表 8-4　非法干扰报告表单填写考核评价表

班级：	小组编号：	姓名：
处置步骤	完成情况	
	是	否
非法干扰事件报告表		
机上案（事）件移交单		
证人亲笔证词		
总　分		评分老师： 考核日期：

附　录

附录一　安全演示广播词及动作要领

女士们、先生们！

欢迎您乘坐___航班由___飞往___。

现在客舱乘务员向您介绍救生衣、氧气面罩、安全带的使用方法和应急出口位置，请注意我们的示范和说明。

航班：30 度鞠躬致礼。

现在：救生衣换至右手（与左手拿时动作一致）。

Ladies and Gentlemen,

Our flight attendants will now demonstrate the use of the life vest, oxygen mask and seat-belt, and show you the location of the emergency exits.

救生衣在您座椅下面的口袋里，使用时取出，经头部穿好。将带子扣好、系紧。在出口处时，您可以拉动充气阀门将救生衣充气，但在客舱内请不要充气。充气不足时，请将救生衣上部的人工充气管拉出，用嘴向里充气。

取出：右手臂伸直向上平举，手持救生衣顶部中央，手臂与身体的夹角为 90 度。

穿好：用双手撑开救生衣，经头部穿好。

扣好：右手把腰带由左至右围好，四指向下并拢伸直位于身体右侧。

系紧：拉紧救生衣腰带（右手拉紧带子的同时，左手固定带子，使腰带尽量不要向右转动）；右手将多余部分从后面扎入腰带内。

拉动：五指并拢手掌展开，虎口处握住充气拉环向下拉动一下。

不足：双手由下往上从救生衣夹层中顺滑上去，两手分别握住两侧充气管，四指并拢握充气管。

拉出：两手将充气管向外拉出。

充气：先左边再右边对着充气做吹气动作（对着充气管吹气）。

Your life vest is located under your seat. To put the vest on, Slip it over your head.Then fasten the buckles and strap tightly around your waist. Please don't inflate while in the cabin, you can pull the tabs down firmly to inflate before evacuation. If your vest needs further inflation, blow into the tube on either side of your vest.

To put：将救生衣腰带松开，打开锁扣，四指向下并拢等待。

fasten：扣上救生衣锁扣，将救生衣腰带拉紧，用右手将多余部分从后面扎入腰带内。

pull：同中文“拉动”。

if：同中文“不足”。

inflation：同中文“拉出”。

blow：同中文“充气”。

氧气面罩储藏在您座椅上方，发生紧急情况时面罩会自动脱落。氧气面罩脱落后，请用力向下拉面罩。将面罩罩在口鼻处，把袋子套在头上进行正常呼吸。

储藏：右腿向右前方跨半步，左后脚跟略抬起，右手手臂向右前方将氧气面罩举至旅客控制面板下方。

脱落：使面罩脱落 10 厘米左右。

拉：半转身用左手向下拉动两下面罩，然后迅速将输氧管及氧气袋卷好换至左手，交替动作不可在旅客头顶上方完成。

罩在：面罩罩在口鼻处。

套在：右手反掏带子，做向上套带子的动作，撑带子高于额头上方，露出脸。

Your oxygen mask is located in a compartment above your seat. It will drop automatically in case of emergency.When the mask drops. Pull a mask down sharply to activate the flow of oxygen. Place the mask over your nose and mouth, slip the elastic band over your head.

located：右手动作相反，左腿向左前方跨半步，重心向左前方，右脚跟略抬起，左手手臂向左前方将氧气面罩举至旅客控制面板下方。

drop：同中文“脱落”。

pull：半转身用右手向下拉动两下面罩，然后迅速将输氧管及氧气袋卷好交于右手，交替动作不可在旅客头灯上方完成。

over：将面罩罩在口鼻处。

slip：左手反掏带子，做向上套带子的动作，撑带子高于额头上方，露出脸。

每位旅客座位上都有一条可以对扣起来的安全带。使用时，将连接片插入锁扣内。根据您的需要，调节安全带的松紧。解开时，先将锁扣打开，拉出连接片。

安全带：双臂向上平伸，与肩同宽，四指并拢，指尖向上，手心朝向旅客。

插入：将安全带扣好，并向旅客展示安全带，手指向上，手背朝向旅客。

调节：左手四指并拢将扣好的安全带往左侧拉伸，与肩同宽。

解开：用左手将安全带扣慢慢推开，双手将安全带展开与肩同宽。

连接片：放下安全带，自然垂直于身体前侧，保持四指并拢。

Each chair has a seat-belt that must be fastened when you are seated. To fasten your seat-belt，insert the link into the buckle.To be effective, the seat-belt should be tightly fastened.To unfasten the seat-belt, lift this buckle.

seat-belt：同中文“安全带”。

insert：同中文“插入”。

tightly：同中文“调节”。

to unfasten：同中文“解开”。

lift：同中文“连接片”。

本架飞机共有______个应急出口，分别位于前部、后部及中部，请不要随便拉动应急出口手柄。

前部：双手同时向前平举，与肩同宽，弯曲前臂至耳侧（手指伸直抬至耳侧）。

后部：双臂向前伸直与肩同宽，五指并拢，指尖指向机尾方向。

中部：双臂平行保持不动，五指并拢，双掌向左右侧打开，只动手腕部位，手臂与肩同宽。

There are______emergency exits on this aircraft. They are Located in the front, the rear and the middle of the main cabin. Please do not touch the emergency operating handles unless specifically instructed by our crew members in emergency situations.

front：同中文“前部”。

rear：同中文“后部”。

middle：同中文“中部”。

在客舱通道上及出口处有应急照明指示灯，在应急撤离时按指示路线撤离，撤离时禁止携带任何行李。

应急照明指示灯：乘务员双臂向前伸直，手心相向，保持身体直立，手掌从前向后划直线准确指示应急灯位置（前 30 度到后 15 度），视线跟随手指的方向。

lights：同中文“应急照明指示灯”。

The emergency indication lights are located along the aisle and At the exits. In the unlikely event of an evacuation, please follow the emergency indication lights to the nearest exit, and do not carry any hand luggage with you.

安全须知：右手手臂伸直举起安全须知卡，持安全须知卡下三分之一处，安全须知卡正面正对旅客，不遮住脸。

谢谢：女乘务员手臂自然下垂于身体前侧，男乘务员双手自然下垂放于身体两侧。

《安全须知》在您前排座椅背后的口袋里，请您在起飞前仔细阅读。

谢谢！

for：同中文“安全须知”。

thank you：女乘务员手臂自然下垂于身体前侧，男乘务员双手自然下垂放于身体两侧，鞠躬 30 度致谢。

For further information, please refer to the safety instruction in the seat pocket in front of you.

Thank you!

附录二　舱门操作口令清单

(一)乘客登机结束后

1. 关闭舱门

B737 关门口令清单	
发布口令者	操作者
1. 收起阻拦绳	1. 完成
2. 确认门内外无障碍物	2. 确认
3. 按下阵风锁	3. 完成
4. 抓住舱门辅助手柄，向内拉动舱门直至完全进入门框内	4. 完成
5. 顺时针转动舱门操作手柄按压至关位	5. 完成
6. 确认门框内无夹杂物	6. 确认

A320 关门口令清单	
发布口令者	操作者
1. 收起阻拦绳	1. 完成
2. 确认门内外无障碍物	2. 确认
3. 按下阵风锁	3. 完成
4. 抓住舱门辅助手柄，向内拉动舱门直至完全进入门框内	4. 完成
5. 将舱门操作手柄下压至关位	5. 完成
6. 确认门锁指示器显示绿色 LOCKED 标志	6. 确认
7. 确认门框内无夹杂物	7. 确认

2. 听从乘务长口令：操作滑梯预位

B737 滑梯预位口令清单	
发布口令者	操作者
1. 将红色警示带斜挂于观察窗	1. 完成
2. 将滑梯杆从滑梯包挂钩上取下	2. 完成
3. 固定在地板支架内	3. 完成
4. 确认检查—— 观察警示绳：确认 观察滑梯杆：确认	4. 确认 确认

A320 滑梯预位口令清单	
发布口令者	操作者
1. 拔出安全销放到存放位，收藏红色警示带	1. 完成
2. 将滑梯预位手柄操作至 ARMED 位	2. 完成
3. 确认检查：确认	3. 确认

（二）飞机安全到达目的地后

1．听从乘务长口令：解除滑梯预位

B737 解除滑梯预位口令清单	
发布口令者	**操作者**
1. 从地板支架内取出滑梯杆	1. 完成
2. 固定在滑梯包挂钩上	2. 完成
3. 将红色警示带横挂于观察窗	3. 完成
4. 确认检查—— 观察警示绳：确认 观察滑梯杆：确认	4. 确认 确认

A320 解除滑梯预位口令清单	
发布口令者	**操作者**
1. 将滑梯预位手柄操作至 DISARMED 位	1. 完成
2. 取出安全销锁定手柄，红色警示带外露	2. 完成
3. 确认检查：确认	3. 确认

2．打开舱门

B737 开门口令清单	
发布口令者	**操作者**
1. 确认滑梯杆固定在滑梯包挂钩上	1. 确认
2. 确认警示带横置于观察窗上	2. 确认
3. 确认门内外无障碍物	3. 确认
4. 逆时针转动舱门操作手柄至水平位，开门，推至阵风锁锁闭	4. 完成
5. 拉好阻拦绳	5. 完成

A320 开门口令清单	
发布口令者	**操作者**
1. 确认滑梯预位手柄在 DISARMED 位	1. 确认
2. 确认门内外无障碍物	2. 确认
3. 确认客舱压力警告灯不闪亮	3. 确认
4. 轻抬舱门操作手柄 15 度，确认滑梯预位指示灯不亮	4. 确认
5. 完全抬起舱门操作手柄开门，推至阵风锁锁闭	5. 完成
6. 拉好阻拦绳	6. 完成

附录三　应急撤离相关口令及报告语言

① 安抚语言：请大家不要惊慌，我们全体机组成员受过严格训练，有信心有能力保证大家的安全，请听从我们指挥！

② 脱出口介绍：坐在这个区域的旅客们请注意!撤离时从这个出口撤离，如果这个出口不能使用，请到后面/前面/对面去或听从乘务员指挥，中间的出口由于没有船筏不使用，撤离时不能带行李。

Passengers in this area,attention please! Evacuate from this exit, if it cannot be used, you can go back/forward/across or follow flight attendants instruction. This exit cannot be used because of no raft. No baggage when evacuate.

③ 确认语言：你的第一出口的位置？如果这个出口不能使用走哪个出口？××出口可以用吗？撤离时能否带行李？

From which door do you evacuate?If this exit cannot be used,you can choose which one?can you evacuate from ×× exit?Can you take your baggage when evacuate?

④ 取下尖锐物品：脱下高跟鞋/鞋，解下围巾、领带，取下手表、项链、耳环、戒指，将它们放在手提行李内，撤离时不能带任何行李。

Take off your shoes, scarf, tie, watch, necklace, earrings, rings. Put them in your luggage. No baggage when evacuate.

⑤ 防冲击姿势：大喊做出防冲击姿势，让我检查！什么时候做出安全姿势？什么时候停止？

show me your safety position, let me check! When to start? When to stop?

⑥ 救生衣演示后：大喊穿好救生衣！不要在客舱里充气！怎样充气？充气不足怎么办？在哪里充气？

Take on your life vest under your seat! Don't inflate in the cabin! How to inflate? If your life vest needs further inflation, what can you do? Where to inflate?

⑦ 确认好后报告：“××门，客舱确认完毕，自身确认完毕，报告完毕。”

⑧ 准备冲撞：低头弯腰，紧迫用力！Bend over，brace！

⑨ 指挥撤离：不要动！解开安全带。观察出口“无烟无火无障碍舱门在水位线上”（如果不通）“此门不通，到后面/前面/对面去！（如果通畅）确认滑梯预

位 、开门拉人工充气手柄 撤离！到这边来！救生衣充气！上船！跟着灯光走，随着声音来！跳滑、坐滑。坐下！保持低姿态！

Remain seated! Release seat-belt.（If the door can NOT be opened）No exit, go back/forward/ across!（If the door can be opened）Evacuate! Come this way! one by one! Inflate! Get on raft! Follow path lights! Follow command! Jump slide! Sit slide! Sit down! Keep low!

⑩ 请舱：有人吗？回答我！Anybody else？Answer me！报告乘务长××号请舱完毕，请求撤离！

附录四　非法干扰事件报告表

单　位			航　线		
航班号			机型/机号		
事件种类			时间/地点		
机　长		乘务长		执勤航空安全员	
事件涉及人员基本情况					
事件基本情况					
处理结果					
上报单位意见					
支队领导意见					
经办人：		联系电话：		年　月　日	

附录五　机上案（事）件移交单

编号：

时　间			公　司		
航班号		飞机号		航　段	
当事人		性　别		座位号	
旅行证件种类及号码					
简要情况：					
附证人亲笔证词__________份，共__________页。					
机　长		乘务长		安全员	
接收单位				接收人	

附录六　证人亲笔证词 testimony

时间 Time__________年（y）________月（m）________日（d）________时（h）

证人姓名 Name____

联系电话 Telephone or Mobile Number______________________________

工作单位/住址 Organization or Residential Address

____

旅行证件种类及号码 Id No.or Passport No.___________________________

航班号 Flight No.______________________ 座位号 Seat No.__________________

请您如实地写下您的所见所闻，有意作伪证或者隐匿罪证要负法律责任。

Please provide evidence and give testimony truthfully, legal responsibility shall be incurred for intentionally giving false testimony or concealing criminal evidence.

____

____

____

____

____

____

____

____

____

____

签名 Signature____________________ 日期 Date______________________________

附录七　机上危险品事故应急处理指南

操作代号	固有的危险性	对飞机的危险	对机上人员的危险	溢出/渗漏处理程序	救火措施	其他考虑因素
1	爆炸可能破坏飞机的结构	起火和/或爆炸	参照有关措施代码	使用100%氧气，禁止吸烟	所有使用的灭火剂；使用标准灭火程序	可能突然减压
2	气体非易燃，在起火情况下压力可能产生危险	最低限	参照有关措施代码	使用100%氧气，对于操作代码“A”“I”或“P”，打开保持最大的通风	所有使用的灭火剂；使用标准灭火程序	可能突然减压
3	易燃液体或固体	起火和/或爆炸	烟、气和高温，以及如有关措施代码所述	使用100%氧气，打开并保持最大的通风；禁止吸烟；用电保持最低限度	所有使用的灭火剂；对于代码“W”不得使用水作为灭火剂	可能突然减压
4	暴露空气中自燃	起火和/或爆炸	烟、气和高温，以及如有关措施代码所述	使用100%氧气，打开并保持最大的通风	所有使用的灭火剂；对于代码“W”不得使用水作为灭火剂	可能突然减压；对于操作代码“F”“H”用电保持最低限度
5	氧化剂，可能点燃其他物质或在火中受热爆炸	起火和/或爆炸；可能造成腐蚀性破坏	刺激眼、鼻和咽喉；与皮肤接触造成损害	使用100%氧气，打开并保持最大限度的通风	所有使用的灭火剂；对于代码“W”不得使用水作为灭火剂	可能突然减压
6	有毒物品，吸入、食用或被皮肤吸收可能致命	被有毒液体或固体污染	剧烈中毒，可能以后才有反应	使用100%氧气，打开并保持最大限度的通风；没有手套不得接触	所有使用的灭火剂；对于代码“W”不得使用水作为灭火剂	可能突然减压；对于操作代码“F”“H”用电保持最低限度
7	破损或未加防护的包装发出辐射	被渗溢的放射性物质污染	受辐射，人员被放射性物质污染	不得移动包装件；避免接触	所有合适的处理剂	通知专业人员接机处理
8	腐蚀性物质或烟雾，吸入或与皮肤接触可能致残	腐蚀性破坏	刺激眼、鼻和咽喉；与皮肤接触造成损害	使用100%氧气，打开并保持最大限度的通风；没有手套不得接触	所有使用的灭火剂；对于代码“W”不得使用水作为灭火剂	可能突然减压；对于操作代码“F”“H”用电保持最低限度
9	无通常固有的危险	见有关操作代码所述	见有关操作代码所述	使用100%氧气，对于操作代码“A”，打开并保持最大的通风	所有使用的灭火剂；对于代码“W”不得使用水作为灭火剂	无
10	易燃气体，遇火源起大火	起火和/或爆炸	烟、气和高温，以及如有关措施代码所述	使用100%氧气，打开并保持最大限度的通风；禁止吸烟；尽量不用电器	所有使用的灭火剂	在可能情况下突然减压

参考文献

[1] 苗俊霞，周为民，车云月. 民用航空安全与管理[M]. 2 版. 北京：清华大学出版社，2020.

[2] 陈卓，兰琳. 客舱安全管理与应急处置[M]. 北京：清华大学出版社，2017.

[3] 中国人力资源和社会保障部，中国民用航空局制定.《国家职业技能标准——民航乘务员》(2019 年版).2020 年发布.

[4] 江苏无国界航空发展有限公司制定.《1+X 空中乘务职业技能等级标准》(2020 年版). 2020 年 3 月发布.